PRÉFACE

Léonard a paru en 1860, mois d'avril, dans un ouvrage en deux volumes, intitulé *les Drames de la Vie*, publié à la Librairie nouvelle, par Bourdilliat.

Il portait alors ce titre : *le Retour de Melun.*

Le livre : *les Misérables* a été publié en juin 1862.

Pour notre sauvegarde, et, pour la priorité de l'idée-mère de ce drame, nous rappelons ces deux dates.

EDOUARD BRISEBARRE ET EUG. NUS

DISTRIBUTION ;

LÉONARD	MM. ARMAND.	FRANÇOIS.	MONROY.
TÊTE-NOIRE.	VERNER.	PREMIER ÉGOUTIER	VICTOR.
MARCOL	EMMANUEL.		MARTIAL.
HERBILLON.	AIMÉ GIBERT.	BUVEURS	CENY.
BENOIT.	Mme JARRY-GUYON.		HIPPOLYTE.
LARIGOLE.	MM. LEFEBVRE.	LA CIGALE	Mmes DENISE FERBARE.
SAINT-PHAR	J. VIZENTINI.	LA mère MOREL	BRUNET.
LARIDON	HENRIUS.	Mme SAINT-PHAR	MARTHA.
BONNEAU	MARCHAND.	Égouttiers, buveurs, peuple, hommes et femmes.	
RUSQUIN	VINET.		

VERSAILLES.—IMPRIMERIE CERF, 59, RUE DU PLESSIS.

LÉONARD

PREMIÈRE PARTIE

La barrière de l'Étoile

En perspective, la barrière de l'Étoile et l'Arc de triomphe. — A gauche, une maisonnette basse, garnie de treillages, de plantes grimpantes, au devant de laquelle sont des bosquets en mauvais état, garnis de tables et de bancs en bois; l'enseigne du cabaret représente une pipe en terre dans un pantalon noir, et au-dessous ces mots: A LA PIPE CULOTTÉE. — A droite et à gauche, des arbres.

SCÈNE PREMIÈRE

RUSQUIN, FRANÇOIS, LARIGOLE, BUVEURS attablés, puis MARCOL, puis TÊTE-NOIRE.

PREMIER BUVEUR.

Ah hé!... Rusquin... un dixième.

DEUXIÈME BUVEUR.

Un *soldat*.

TROISIÈME BUVEUR.

Du bois de Campêche.

RUSQUIN, servant çà et là.

Voilà... voilà... les altérés...

MARCOL, arrivant, s'approchant indifféremment d'une table occupée par quatre buveurs, et bas, sans les regarder.

Eh bien?...

UN DES BUVEURS, bas, et sans tourner la tête du côté de Marcol.

Rien.

MARCOL, idem, puis disparaissant.

Restez.

LARIGOLE, s'attablant.

Rusquin... un chinois?

RUSQUIN.

Voilà, père Larigole

TÊTE-NOIRE, qui entre, s'approchant lentement, et tapant avec force sur la table près de laquelle est placé Larigole.

J'ai soif !

LARIGOLE.

Ah !... Tête-Noire !

TÊTE-NOIRE, vivement.

Tais-toi, vieille langue.... et entre ceci dans ta cervelle!... Je ne suis pas Tête-Noire... je ne connais pas Tête-Noire... Mon nom... c'est Larose !

LARIGOLE.

Ah !... je veux bien .. moi...

RUSQUIN, servant Larigole.

Le chinois désiré... voilà !... (A Tête-Noire.) Et vous... l'ami?

TÊTE-NOIRE.

Un litre... (Désignant Larigole.) que monsieur m'offre.

LARIGOLE.

Mais non.

RUSQUIN criant à François qui apporte le litre à la table où est Tête-Noire.

Un litre à l'as !

TÊTE-NOIRE, à Larigole.

Allons donc... quand y a si longtemps qu'on ne s'est vu...

LARIGOLE.

D'où viens-tu donc?

TÊTE-NOIRE.

De loin... De très-loin... Du midi.

LARIGOLE.

Et... Es-tu content?

TÊTE-NOIRE.

Non... je suis seul, à présent !... cela gêne. Il me faudrait un second...

LARIGOLE.

Quelqu'un de capable...

TÊTE-NOIRE.

Et... Je le cherche !... et toi, tu t'engraisses toujours à nos dépens... Tu es le ruisseau... nous autres, la fange !...

LARIGOLE, vivement.

Tu as besoin de quelque chose?...

TÊTE-NOIRE.

Deux jaunets.

LARIGOLE, lui donnant deux pièces d'or.

Tiens... Fallait donc le dire tout de suite.

SCÈNE II

LES MÊMES, LÉONARD *.

LÉONARD, en entrant, au garçon.

François... du feu... ma pipe est éteinte.

FRANÇOIS.

Le feu demandé... voilà.

LÉONARD.

Attends un peu... boule de loto... et ne tire pas encore tes guêtres... Écoute le menu de mon Balthazar... Une chopine... deux sous de pain, et du veau aux carottes.

FRANÇOIS.

Oui... m'sieu la Flane.

LÉONARD, menaçant.

Hein... Tu as dit...

FRANÇOIS, interdit.

Dame !... comme on vous appelle ici.

* Larigole, Tête-Noire à table, Léonard à une autre table.

LÉONARD, à part.

Il a raison... Les imbéciles... avec leur sobriquet !

TÊTE-NOIRE, à Larigole, lui montrant Léonard.

Vois-tu ce garçon-là ?

LARIGOLE.

Oui.

TÊTE-NOIRE.

Eh bien... c'est mon homme.

LARIGOLE.

Ah !... ton second... en herbe.

TÊTE-NOIRE, haut.

Bonjour, Léonard.

LÉONARD.

Ah !... c'est toi... Bonjour.

TÊTE-NOIRE.

Y a de la place à notre table... Viens donc ?

LÉONARD.

Non.

TÊTE-NOIRE.

Ah !... t'es guère poli.

LÉONARD.

J' suis comme ça... Après ?...

TÊTE-NOIRE.

Rien.

LARIGOLE, bas.

Ce jeune homme est froid.

TÊTE-NOIRE.

Oui... mais tôt ou tard... il viendra à moi.

LARIGOLE.

Comment ?

TÊTE-NOIRE.

Il a un vice...

LARIGOLE.

Lequel ?

TÊTE-NOIRE.

Le plus grand... la paresse...

LARIGOLE.

Tu as raison... cela mène à tout. (Criant.) Garçon... un litre... et un chinois.

FRANÇOIS, comptant l'argent que lui donne Larigole.

Y a rien pour boire ?

LARIGOLE, se levant.

Veux-tu te sauver, ivrogne... (A Tête-Noire.) Tu sais... j' suis toujours là... Nous sommes des vieilles connaissances... nous n'avons jamais eu à nous plaindre l'un de l'autre... Je suis rond en affaire... moi...

TÊTE-NOIRE.

Très-rond... Ta mère devait être juive, et ton père arabe !

(Larigole serre la main à Tête-Noire, et disparait au milieu des arbres.)

TÊTE-NOIRE.

François,... donne-moi donc le journal... *la Gazette des Tribunaux.*

FRANÇOIS.

Finissant de servir Léonard qui mange et dont il quitte la table en donnant le journal à Tête-Noire.

Voilà... et après vous. (A part en s'éloignant.) V'là-t-il un journal qu'ils aiment ici... ils l'aiment tant, que très-souvent... ils l'emportent.

TÊTE-NOIRE, lisant.

« Cour d'assises !... » (Parlé.) Mots sinistres !... toujours quand je les lis... ils me font froid...

(Marcol entre, jette un regard sur les quatre hommes qui lui désignent de l'œil Tête-Noire ; il l'examine silencieusement, puis il s'approche de la table, et s'assied en face de lui.)

SCÈNE III

MARCOL, TÊTE-NOIRE, LÉONARD, BUVEURS.

MARCOL, après un temps.

Quoi de nouveau ?

TÊTE-NOIRE.

Rien. (A part.) Voilà un homme qui regarde bien en face.

MARCOL, à part.

Voilà un homme qui regarde bien de travers. (Haut.) Vous avez lu ?

TÊTE-NOIRE.

Oui... (Lui donnant le journal.) Tenez...

MARCOL, se levant.

Merci... Pourrait-on offrir quelque chose à monsieur ?... (Il s'assoit.)

TÊTE-NOIRE, se levant.

Non... j'ai ma suffisance... (A part.) Oh !... oh ! trop de politesse à la clé... toi, mon bonhomme. (Il s'assoit.)

MARCOL à François.

Une bouteille !... (A Tête-Noire.) Hein ?... En voilà un de journal !... Y a-t-il là-dedans de ces histoires... cela égaie... Vous devez être très-gai... vous..

TÊTE-NOIRE.

J'ai mes jours.

MARCOL.

Cela se voit tout de suite à la franchise de votre physionomie...

TÊTE-NOIRE.

N'est-ce pas ?

MARCOL à François qui le sert.

Un second verre pour monsieur. (A Tête-Noire.) Allons, pour un malheureux doigt de vin... j'aime pas boire seul, d'abord... (Trinquant avec Tête-Noire.) A la vôtre !... il est bon !

TÊTE-NOIRE.

Très-bon.

MARCOL.

Pas comme dans mon pays... pourtant... je suis Bourguignon...

TÊTE-NOIRE.

Et moi, je suis Savoyard.

MARCOL.

Vous avez perdu l'accent.

TÊTE-NOIRE.

Ça dépend peut-être de ma profession... je suis tanneur.

MARCOL.

Et moi maçon.

TÊTE-NOIRE, à part.

Eh bien !... nous pouvons causer comme ça deux heures... sans nous faire du mal !

MARCOL, reprenant le journal.

Y a rien d'intéressant aujourd'hui !

TÊTE-NOIRE.

Pas grand'chose...

MARCOL.

Depuis quelque temps, les causes se ralentissent ; c'est pas comme autrefois, en voyait-on... et de terribles... y a à peu près deux ans... t'nez... un fier crime... j'm'en souviens encore... Un pauvre vieillard... garçon de recette, attiré dans un guet-apens... dévalisé, assassiné... Mais ils ont tous été arrêtés... m'sieu... sauf un seul... le plus coupable... à ce qu'il paraît... et qui se nommait... attendez-donc... je l'ai oublié, le nom... Ah ! si... Tête-Noire !

TÊTE-NOIRE, froidement.

Ah ! le drôle de nom !

MARCOL.

N'est-ce pas ?

TÊTE-NOIRE, à part.

Oh !... oh !... il en a dit bien long !...

MARCOL, à part.

Il en a dit bien peu !

TÊTE-NOIRE.

Elles sont amusantes... à vous... vos histoires... allons... encore une... Viens donc écouter un peu... toi... Léonard...

LÉONARD, qui fume.

J'aime pas causer.

MARCOL, passant près de Léonard.

Vous êtes sauvage, jeune homme.

LÉONARD.

C'est possible... et y a une chose aussi que j'aime guère... c'est qu'on me regarde... comme vous le faites... entre les deux yeux.

MARCOL.

Là... là... ne vous fâchez pas... c'est pas pour vous offenser...

c'est une vieille habitude que j'ai de dévisager les gens... Autrefois, j'ai dit la bonne aventure.

LÉONARD.

Je ne veux pas savoir la mienne.

MARCOL.

Vous avez tort... car sur votre figure... il me semble que je lis des choses qui vous intéresseraient...

TÊTE-NOIRE, à Léonard.

Tu vois...

MARCOL.

Et... qui sait, je pourrais peut-être vous donner un bon conseil...

LÉONARD.

Les bons conseils... je ne les suis pas...

MARCOL, regardant Tête-Noire.

Prenez garde alors de suivre les mauvais... (Jetant de l'argent à François.) Tiens... pour ta bouteille.

TÊTE-NOIRE.

Adieu... m'sieu le maçon.

MARCOL.

Adieu... pas du tout... Au revoir, m'sieu le tanneur. (Il disparaît au milieu des arbres.)

SCÈNE IV

LÉONARD, TÊTE-NOIRE, BUVEURS.

TÊTE-NOIRE, à part.

Au revoir; non, je ne veux pas faire de nouvelles connaissances. C'est étrange... près de cet homme, j'ai tressailli... et quelque chose semblait me crier : — Prends garde... c'est un ennemi ! (Haut.) Léonard... as-tu quelques grains de tabac?...

LÉONARD.

Non.

TÊTE-NOIRE.

Ah!... les eaux sont basses!

LÉONARD.

Toujours.

TÊTE-NOIRE.

Niais... qui ne veux pas m'écouter... Si tu voulais... tiens... avant ce soir... toi et moi... nous aurions la poche pleine.

LÉONARD.

Oui... toujours... n'est-ce pas... cette boutique de revendeuse à la toilette... proche le boulevart...

TÊTE-NOIRE.

Et qui n'est gardée... à une certaine heure... que par son mioche, d'une douzaine d'années.

LÉONARD.

Non.

TÊTE-NOIRE.

Qu'est-ce que je te demande... pourtant... presque rien... te promener devant la porte... et faire le guet.

LÉONARD.

Laisse-moi.

TÊTE-NOIRE.

A ton aise... réfléchis...

LÉONARD.

C'est tout réfléchi...

TÊTE-NOIRE.

Tiens... tu ne feras jamais rien.

LÉONARD.

C'est ce que j'ai toujours fait...

TÊTE-NOIRE.

Après tout... tu changeras peut-être d'avis....

LÉONARD, s'animant.

T'en iras-tu ?

TÊTE-NOIRE.

Mon Dieu... le grand air est à tout le monde... mais j'sais pas c'que c'est que de contrarier un camarade... ne t'enlève pas, on détale. (Il s'éloigne par la droite ; un des quat' e buveurs attablés, se lève indifféremment et le suit.)

SCÈNE V

LÉONARD, FRANÇOIS, BUVEURS attablés, puis LA CIGALE.

LÉONARD, à lui-même.

Qu'a-t-il donc à s'acharner après moi ?... s'il revient... (avec colère) j'te vous le lance en l'air ! j'veux être mon maître... j'ai besoin des opinions de personne... j'ai boulotté jusqu'à présent... une commission par ci... par là... des voitures à ouvrir... et la moisson des bouts de cigares... y a pas besoin de patente... et on travaille à ses heures !... ça me suffit... (Criant :) Garçon... une chimique. (Il se remet à sa table et allume sa pipe.)

LA CIGALE, arrivant sa guitare sur l'épaule et à part.

Peut-être ici serai-je plus heureuse !

FRANÇOIS qui a donné une allumette à Léonard.

Tiens... v'là la roucouleuse... — Bonsoir, la Cigale.

LA CIGALE.

Bonsoir, monsieur le Garçon.

FRANÇOIS.

Et chantez-nous quelque chose dans le soigné... hein ?

LA CIGALE, accordant sa guitare.

Je vais tâcher...

(Elle chante près de la table du milieu.)

PREMIER COUPLET.

Je suis la Cigale
Qui chante, l'été,
L'aube matinale,
Bonheur et santé!
Sous le brin de mousse
Où j'ai fait mon toit,
Ma prière est douce
A Dieu qui me voit.

Je suis la voix infatigable
Que l'on entend dans les sillons,
Quand le soleil brûle le sable,
Et boit l'eau des ravins profonds.
Seule, ma chanson intrépide
Accompagne le voyageur,
Et s'élance, du sol aride,
Pour égayer le moissonneur.

Je suis la Cigale...
(Elle chante au milieu du théâtre.)

DEUXIÈME COUPLET.

Je ne suis pas ambitieuse,
Et me contente à peu de frais.
Que faut-il à l'humble chanteuse,
Sur son tapis de gazon frais?
La fleurette, où je suis posée,
Me fournit un lit de satin,
Et d'une goutte de rosée
Je fais mon repas du matin.

Je suis la Cigale...
(Elle chante au côté droit du théâtre.)

TROISIÈME COUPLET.

Tous les êtres suivent la pente
Que Dieu leur donne en les créant.
Il me fit pour chanter ; je chante,
Et je suis heureuse en chantant.
Que de plus sages vous entassent,
Pour l'hiver, grains de la moisson!
C'est pour eux-mêmes qu'ils amassent ;
Moi, je donne à tous ma chanson.

Je suis la Cigale...
(Elle se dirige vers chaque table, en avançant un petit plateau.)

LA CIGALE.

Pour la petite chanteuse, s'il vous plaît ?...

LÉONARD

DRAME EN SEPT PARTIES

PAR

ÉDOUARD BRISEBARRE & EUGÈNE NUS

MUSIQUE D'AUGUSTE L'ÉVEILLÉ

Représenté pour la première fois, à Paris, sur le théâtre du boulevart du Temple le 31 décembre 1862.

> Qu'il y ait donc un bataillon de nous autres, Misérables... qu'on nous lance les premiers en plein feu... dans la fournaise... et, qu'avec notre sang, nous nous refassions un honneur !
>
> 5ᵉ PARTIE, 13ᵉ SCÈNE.

PARIS

E. DENTU, ÉDITEUR

LIBRAIRE DE LA SOCIÉTÉ DES GENS DE LETTRES

Palais-Royal, 17 et 19, Galerie d'Orléans.

1868

Librairie de E. DENTU, Editeur, Palais-Royal

GALERIE D'ORLÉANS, 17 ET 19

BIBLIOTHÈQUE POPULAIRE
ILLUSTRÉE
DU THÉATRE MODERNE

LÉONARD

DRAME EN SEPT PARTIES

PAR

EDOUARD BRISÉBARRE & EUGÈNE NUS

MUSIQUE D'AUGUSTE L'ÉVEILLÉ

Représenté pour la première fois, à Paris, sur le théâtre du boulevart du Temple, le 31 décembre 1862.

> Qu'il y ait donc un bataillon de nous autres, Misérables... qu'on nous lance les premiers en plein feu... dans la fournaise... et, qu'avec notre sang, nous nous refassions un honneur !
>
> 5e ACTE, 13e PARTIE.

PARIS

E. DENTU, ÉDITEUR

LIBRAIRE DE LA SOCIÉTÉ DES GENS DE LETTRES

Palais-Royal, 17 et 19, Galerie d'Orléans.

1868

UN BUVEUR, brutalement.

Eh non !

LA CIGALE, à une autre table.

Monsieur...

UN AUTRE BUVEUR.

J'aime pas la musique.

LA CIGALE, plus instamment à une autre table.

Mon bon monsieur...

UN AUTRE BUVEUR.

Je t'ai déjà donné, il y a huit jours.

LA CIGALE, à part.

Mon Dieu !.. (Allant à Léonard.) Quelque chose, monsieur, quelque chose?

LÉONARD, brusquement.

J'ai pas le sou.

LA CIGALE, à part, et étouffant ses larmes.

Rien... rien...

LÉONARD, jetant les yeux sur elle.

Tiens, elle pleure... Eh ! la Cigale... (Elle le regarde.) Viens ici... (Elle s'approche en tremblant) Voyons... pourquoi pleures-tu?...

LA CIGALE.

Je n'ai rien gagné aujourd'hui.

LÉONARD *, la faisant asseoir à la place qu'il occupait.

Ah!... pauvre fille!... (Lui donnant un morceau de pain.) Tiens, mange!... mange vite!...

LA CIGALE, prenant le pain.

Merci !... merci !...

LÉONARD.

Attends... (Il prend un verre et verse ce qu'il croit être resté de sa chopine.) Ah ! plus une goutte... (Enlevant des mains de François une bouteille que celui—ci porte). Donne-moi ça, toi.

FRANÇOIS.

Mais, m'sieu la Flane... c'est pour le six...

LÉONARD.

Tu vois bien que non... puisque c'est pour moi... (Versant à la Cigale.) Tiens !...

LA CIGALE, avec joie.

Du vin !...

LÉONARD.

Bois...

LA CIGALE, buvant.

Ah !... ça réchauffe...

LÉONARD.

Et ça soutient... Bois encore... Avec ça, tu peux roucouler jusqu'à demain.

LA CIGALE.

Vous êtes bon... vous.

LÉONARD.

Moi?... ah ! par exemple!... v'là la première fois qu'on me dit ça...

SCÈNE VI

Les Mêmes, RUSQUIN, puis TÊTE-NOIRE, DES BUVEURS.

DES BUVEURS, frappant sur leur table.

Garçon !...

D'AUTRES BUVEURS, idem.

Garçon !...

RUSQUIN, comptant avec des buveurs.

En v'là pour vos quinze sous...

UN AUTRE BUVEUR, payant à Rusquin *.

Une part de brie... et une bouteille...

RUSQUIN, s'avançant vers la table où est Léonard.

Et ici?...

LÉONARD, embarrassé et se grattant l'oreille.

Ici.., ici, père Rusquin, vous mettrez ça sur mon ardoise...

RUSQUIN.

Son ardoise !

LÉONARD.

Une chopine... un veau aux carottes... cette bouteille-là...

RUSQUIN, indigné.

Une bouteille de mon cachet rouge!... (Appelant.) François !...

* Léonard, la Cigale.
** La Cigale, Léonard, Rusquin.

FRANÇOIS *, arrivant,

De quoi, bourgeois ?

RUSQUIN.

Je t'avais défendu de faire crédit à la Flane...

FRANÇOIS.

C'est vrai, bourgeois, mais ça m'est sorti de la boussole !

RUSQUIN.

Tant pis pour toi, imbécile... je te retiendrai ça sur ton mois !

LÉONARD.

Ah ! père Rusquin...

FRANÇOIS.

Quant à c'te bouteille-là, par exemple... je l'avais dans ma main... et... il l'a mise dans la sienne...

RUSQUIN, s'échauffant.

Voyez-vous ça,... le rien qui vaille !

LÉONARD, s'animant.

Rusquin !...

TÊTE-NOIRE, qui vient du fond et à part.

Y a des mots, par ici?

RUSQUIN.

C'est qu'il me doit déjà six francs cinquante...

LA CIGALE, implorant Rusquin.

Monsieur... monsieur...

RUSQUIN.

Est-ce que tu crois que je vas t'abreuver jusqu'à la consommation des siècles, propre à rien !

LÉONARD, furieux.

Tais-toi... tais-toi... mauvais cabaretier....

TÊTE-NOIRE, s'avançant, et à Léonard *.

Ne t'occupe donc pas des propos de ces gens-là... Manque d'éducation...

RUSQUIN.

Ça ne veut rien faire, et ça vit aux dépens des autres.

LÉONARD, voulant s'élancer sur Rusquin.

Tu dis?...

LA CIGALE, retenant aussi Léonard.

Mon Dieu !... et c'est pour moi...

RUSQUIN, à des buveurs qui cherchent à le calmer.

Laissez-moi donc !... Oh ! il ne me fait pas peur, avec ses coups de poing... C'est la seule monnaie que tu connaisses, hein?... mais j'en ai vu de plus malins que toi... et il a bien fallu qu'ils me paient... comme tu me paieras... mangeur... paresseux... coquin...

LÉONARD, saisissant une bouteille et bondissant sur Rusquin.

Ne m'insulte pas!... ne m'insulte plus !

LA CIGALE, effrayée.

Ah !...

TÊTE-NOIRE, l'attirant au dehors.

Léonard... viens...

RUSQUIN.

Si tu me touches, j'envoie chercher la garde... mais, il m' faut mon argent...

LÉONARD, ivre de colère.

Tu l'auras... tu l'auras... quand je devrais...

TÊTE-NOIRE, entraînant presque de force Léonard.

Viens... mais viens donc... (A part.) Je le tiens. (Il disparaît à gauche, par le fond, entraînant Léonard.)

SCÈNE VII

RUSQUIN, LA CIGALE, FRANÇOIS,
BUVEURS, Promeneurs *.

RUSQUIN.

Avec tout ça... il s'en est allé... j' suis refait !... En v'là des pratiques !... (A François) Je vas te marquer la bouteille à toi...

* La Cigale, François, Rusquin, Léonard.
** La Cigale, François, Rusquin, Tête Noire, Léonard.
*** La Cigale, François, Rusquin.

FRANÇOIS, à la Cigale

Vous devriez bien en payer la moitié... dites donc... vous qui en avez bu?

RUSQUIN.

Ah! bah...

FRANÇOIS.

Avec une croûte de pain... là... sur le pouce...

RUSQUIN, indigné.

Il régalait sa princesse!

LA CIGALE **.

Monsieur... monsieur... Croyez bien... je suis une honnête fille... allez, monsieur...

RUSQUIN, arrangeant ses tables.

Ça m'est bien égal...

LA CIGALE.

Mon pauvre métier ne me nourrit pas... toujours.

RUSQUIN, idem.

Eh ben!... quitte-le.

LA CIGALE, vivement.

Oui... oh! oui... depuis longtemps... c'est mon désir... mon espoir... Bien des fois... j'ai tenté.. essayé... sans résultat... le plus dur travail ne m'effraierait pas... et je me contenterais de bien peu... je serais si heureuse d'être dans une honnête maison... Ah! vous devriez bien me prendre à l'essai, monsieur...

RUSQUIN.

Chez moi... dans mon cabaret... une chanteuse des rues !..: Eh bien !... en v'la de l'ambition... il ne manquerait plus que ça... Ma parole d'honneur... Il y a des êtres qui ne doutent de rien.

LA CIGALE.

Si vous avez des enfants... je les veillerai... je les soignerai...

RUSQUIN.

Des enfants !... pus souvent... pour qu'ils héritent de moi !...

LA CIGALE.

Vous seriez bien content de mon service, allez.

RUSQUIN.

Veux-tu me laisser tranquille... vagabonde... (Il rentre dans le cabaret, les buveurs ont quitté les tables et disparu.)

SCÈNE VIII

LA CIGALE, puis SAINT-PHAR, MADAME SAINT-PHAR, PROMENEURS.

LA CIGALE.

Repoussée... comme toujours... comme partout... (Montrant sa guitare.) Et à cause de ce triste métier... Est-ce ma faute, si je n'en ai pas d'autre... mes parents n'étaient que des bateleurs... toute enfant, ils m'ont fait danser et chanter dans les villes et les villages... et à présent que je suis toute seule... je continue... que veut-on que je fasse?... — Il y en a... qui me parlent brutalement... d'autres qui me parlent bas... Ah! ce sont ceux-là qui me font le plus peur !... — Non... non... je n'écouterai rien... j'aime mieux ma petite robe qui me fait froid... que la soie et le velours... qui font rougir!... (Soupirant.) Il y a des femmes heureuses, pourtant... J'en vois... le soir... quand la journée est finie... tenant à la main des petits enfants qui essaient leurs premiers pas et s'accrochent à la blouse du père... qui les saisit soudain et les met sur ses épaules... Elles jettent alors un regard tout fier sur ceux qui passent, et ont l'air de leur dire : — Mais, regardez donc... voilà ma richesse... voilà mon bonheur... voilà ma famille !... et elles ont raison !... — Ah! dame... ça ne peut pas arriver à tout le monde... Qu'est-ce qui voudrait de moi... une chanteuse des rues?... Bast... ce que le bon Dieu a fait, est bien fait... et, s'il doit venir... mon jour viendra! Est-ce qu'il faut jamais désespérer... Tout à l'heure... un brave cœur ne m'a-t-il pas secourue!... Pauvre garçon... et on l'a humilié... insulté... menacé...

* Le garçon, la Cigale, Rusquin.

ah! je ne l'oublierai pas... je ne l'oublierai jamais... (Brusquement.) Allons, la Cigale... courage... et chante...

SAINT-PHAR, donnant le bras à une femme, et haut à un petit groom qui les suit *.

Nous irons à pied... pour nous dégourdir un peu les jambes... Rentre à l'hôtel, et ne pousse pas trop Sandwitch!... — Ah! Robinson... à neuf heures précises... viens nous prendre... au Moulin-Rouge. (Le domestique s'incline et disparaît.)

SAINT-PHAR.

Voyons... bonne petite... où tuerons-nous le temps... après le moka?...

MADAME SAINT-PHAR.

Pardine... au spectacle...

SAINT-PHAR.

Hein... à l'Opéra?...

MADAME SAINT-PHAR.

J'aimerais mieux... les Délassements-Comiques...

LA CIGALE, s'avançant.

Ma belle dame... mon beau monsieur... (Accordant sa guitare.) Une petite chanson... voulez-vous...

SAINT-PHAR.

Va-t'en.

MADAME SAINT-PHAR.

Voyons... donnez-lui quelque chose... deux sous...

SAINT-PHAR.

Mon Dieu oui... mais... je parie qu'elle va les dépenser... Allons... bon... je n'ai pas de monnaie !... Est-ce que vous croyez que je vais changer un billet de mille, pour donner deux sous à cette petite. (Ils sortent à droite, la Cigale les suit.)

SCÈNE IX

RUSQUIN, puis LÉONARD. (La nuit vient doucement.)

LÉONARD arrive pâle, défait, il passe la main sur son front, puis, en regardant autour de lui.

Eh bien!... où est-il donc, ce cabaret... je ne le vois plus... (Reconnaissant où il est.) Ah!... là!... (Cognant fortement sur une table.) François!... François!...

RUSQUIN, sortant du cabaret.

Ah ça !... quel est donc le milord... (Voyant Léonard et effrayé.) Léonard!

LÉONARD.

Oui... moi... (Jetant deux pièces d'argent sur la table.) Tiens, paye-toi... et apporte une bouteille.

RUSQUIN, étonné.

Dix francs!

LÉONARD, avec colère.

Apporteras-tu?

RUSQUIN.

Oui... m'sieu Léonard. (Prenant les deux pièces sur la table.) Mais c'était pas si pressé que ça! (Il entre dans le cabinet.)

LÉONARD.

Mes tempes battent... Devant les yeux, j'ai comme un brouillard!

FRANÇOIS, apportant une bouteille et de la monnaie.

V'là vot' bouteille... et v'là vot' restant.

LÉONARD, vivement.

Garde... garde pour toi.

FRANÇOIS, à part, en empochant la monnaie.

Est-il généreux... Il a peut-être hérité !... (Il entre dans le cabaret.)

* La Cigale, Saint-Phar, madame Saint-Phar.

SCÈNE X

LÉONARD, puis TÊTE-NOIRE, puis QUATRE HOMMES.

LÉONARD, se versant du vin;

Buvons ! (Il porte le verre à ses lèvres, puis le remet sur la table.) Non... je ne peux pas.

TÊTE-NOIRE, arrivant et tapant sur l'épaule de Léonard absorbé.

Léonard !

LÉONARD, tressaillant.

Toi !...

TÊTE-NOIRE.

Sans doute... Ne m'attendais-tu pas ?... Tiens, voici quatre pièces de vingt francs... Larigole n'était pas en fonds... Demain, il nous terminera notre compte...

LÉONARD, sombre,

De l'argent !...

TÊTE-NOIRE.

Hein ! en as-tu souvent vu autant ?...

LÉONARD, sombre.

Non... jamais !

TÊTE-NOIRE.

Ça viendra... (Voyant arriver deux hommes qui s'avancent de leur côté.) Cache donc... on vient ! (Instinctivement, Léonard serre l'argent dans sa poche. — Les deux hommes viennent au fond, à droite; — puis deux autres hommes viennent se placer à gauche. — Tête-Noire, presque à lui-même.)

TÊTE-NOIRE.

Bois donc... ton verre est plein... Léonard, à quoi songes-tu ?

LÉONARD, à demi-voix,

A quoi ?... à cette pauvre femme...

TÊTE-NOIRE.

Quelle femme ?

LÉONARD.

Celle. . chez qui...

TÊTE-NOIRE.

Ah ! oui... la revendeuse...

LÉONARD.

Il me semble la voir, quand elle rentrera dans cette boutique... et...

TÊTE-NOIRE.

Qu'est-ce que ça te fait ?... Tu ne la connais pas.

LÉONARD.

Non, et pourtant je la vois comme si je la connaissais. Qu'as-tu pris ?... Dis... parle...

TÊTE-NOIRE.

Presque rien.

LÉONARD.

Bien sûr... tu me le promets ?... Car je n'ai rien vu, moi... J'étais là... à cette porte... guettant... et cent fois j'avais refusé. Mais j'étais donc fou... mais j'étais donc ivre...

TÊTE-NOIRE.

Non, tu étais furieux... autre genre d'ivresse. (A part.) Voilà un gaillard qu'il ne faut pas que je quitte d'une semelle... ou sans ça, il gâterait tout... il mettrait les pieds dans le plat ! (Haut.) Allons, viens-nous-en... (Nuit complète).

LÉONARD, sombre.

Où m'emmènes-tu ?

TÊTE-NOIRE.

Prendre un peu l'air... ailleurs... (Avec inquiétude.) Car... je ne sais pas... mais il me semble... (Les quatre hommes se lèvent en même temps qu'eux, et, d'un commun accord, leur barrent le passage.)

UN DES HOMMES.

Halte !

TÊTE-NOIRE.

Hein ?...

UN AUTRE HOMME.

On ne passe pas.

LÉONARD.

Comment ?...

PREMIER HOMME.

Vous allez nous suivre.

TÊTE-NOIRE.

Où donc ?

L'AUTRE HOMME.

Vous le verrez.

TÊTE-NOIRE, bas, à Léonard,

Filons... ou nous sommes pris.

LÉONARD.

Mon Dieu !

TÊTE-NOIRE.

Passage... ou je passerai malgré vous.

LÉONARD.

Ah !... vous ne m'aurez pas vivant !... (Tête-Noire lutte avec deux des hommes, Léonard avec les deux autres.)

RUSQUIN, sortant du cabaret.

Ah ! une bataille... François ! François... fermons les volets, barricadons la porte. (Il rentre vivement. — La fenêtre et la porte du cabaret se ferment.)

TÊTE-NOIRE s'échappe des mains des deux hommes, et tire un coup de pistolet sur les agents en disparaissant au milieu des arbres.

Sauve-toi !... (Les deux hommes s'élancent à sa poursuite. — Léonard, presque terrassé, se dégage d'un violent effort, et s'enfuit aussi dans les arbres, d'un côté opposé. Les deux autres hommes se précipitent à sa recherche, et disparaissent ainsi que lui. — La scène reste vide, puis on entend deux coups de pistolet, puis un cri.)

SCÈNE XI

LA CIGALE, puis TÊTE-NOIRE et LÉONARD.

LA CIGALE, arrivant par le fond.

Mon Dieu !... ces cris... ces coups-de-feu... ces hommes qui courent de tous côtés... Qu'y a-t-il ? que s'est-il donc passé ?... Ah ! j'ai peur !... Ce cabaret est fermé... Qu'il fait sombre !... c'est à peine si l'on voit à quelques pas devant soi !...

TÊTE-NOIRE, marchant avec précaution.

Ils ont perdu mes traces.

LA CIGALE, s'effaçant derrière les arbres.

Un homme !

TÊTE-NOIRE.

Mais lui, Léonard... comme moi, a-t-il pu se débarrasser d'eux... et aura-t-il le bon esprit de revenir au gîte ?...

LÉONARD, paraissant et écoutant.

Rien... rien... Je ne les entends plus.

LA CIGALE, le reconnaissant dans l'ombre.

Ah ! lui !...

TÊTE-NOIRE, regardant.

Une forme humaine... (Appelant.) Léonard !...

LÉONARD.

Sa voix !...

TÊTE-NOIRE.

Léonard !... Est-ce toi ?

LÉONARD.

Oui.

TÊTE-NOIRE.

Par ici... Viens.

LÉONARD, à qui Tête-Noire a pris le bras,

Ah ! tu me fais mal... Je suis blessé.

TÊTE-NOIRE.

Je m'en doutais.

LA CIGALE, qui cherche à écouter.

Que disent-ils ?

TÊTE-NOIRE.

Voyons... remue le bras !... bien... la main !... parfait... La balle a traversé les chairs... Rien de grave.

LÉONARD.

Mais qui donc sont ces hommes ?...

* Tête-Noire, la Cigale.

TÊTE-NOIRE.

Des gens de justice.

LÉONARD, avec effroi.

La justice !

TÊTE-NOIRE.

La revendeuse sera rentrée trop tôt... Allons, il ne s'agit pas de flâner... En avant !...

LÉONARD.

Où donc ?...

TÊTE-NOIRE.

Au chantier de pierres du côté de Romainville.

LÉONARD, portant la main à son épaule.

Ah ! le cœur me manque...

TÊTE-NOIRE.

Faut que tu souffres jusque-là... En route !... une fois chez nous, nous panserons ta blessure...

LA CIGALE, s'oubliant.

Blessé !... il est blessé !...

TÊTE-NOIRE.

Quelqu'un... une femme !...

LÉONARD.

La Cigale...

TÊTE-NOIRE, menaçant.

Tu nous écoutais ?...

LA CIGALE, tremblante.

Moi ?... je... mon Dieu !...

LÉONARD.

Tu ne diras rien... tu ne nous trahiras pas, n'est-ce pas, la Cigale ?...

LA CIGALE.

Non... non... ne craignez rien.

TÊTE-NOIRE.

Malheur à toi... je te retrouverais, d'abord !

LÉONARD, passant au milieu.

Laisse-la donc... cette pauvre fille... j'en réponds...

TÊTE-NOIRE, entraînant Léonard.

Alors... partons...

LÉONARD.

Adieu, la Cigale.

LA CIGALE, tristement.

Adieu... m'sieu Léonard...

LÉONARD.

Tiens !... tu sais mon nom... toi ? (Il disparaît avec Tête-Noire, en faisant à la Cigale un signe d'amitié.)

TÊTE-NOIRE.

Viens donc... viens donc...

SCÈNE XII

MARCOL, puis LA CIGALE.

LA CIGALE.

Mon Dieu ! que lui est-il arrivé ?... pourquoi est-il blessé ?... pourquoi se cache-t-il ?... qu'a-t-il fait ?...

MARCOL, entrant, avec précaution.

Les maladroits, qui ont perdu leurs traces... mais je les retrouverai, moi... Un d'eux, m'a-t-on dit, s'est dirigé de ce côté... (Apercevant la Cigale.) Une femme !...

LA CIGALE, faisant un mouvement de frayeur à son approche.

Ah !...

MARCOL.

Vous êtes seule ?

LA CIGALE.

Oui.

MARCOL, à part.

Elle est bien troublée... (Haut.) Vous n'avez vu personne ici ?...

* La Cigale, Tête-Noire, Léonard.

LA CIGALE.

Non.

MARCOL.

Un jeune homme... blessé... dans une dispute... une bataille... Ce pauvre diable... c'est qu'on lui en veut...

LA CIGALE.

Ah !... (S'oubliant.) Qui donc ?...

MARCOL, à part.

Elle l'a vu !... (Haut.) Qu'il quitte Paris... s'il ne l'a déjà quitté... et qu'il n'y rentre de longtemps...

LE CIGALE.

Vous croyez ?...

MARCOL.

Oui... c'est un conseil d'ami. (Avec intention et l'examinant.) Mais puisque vous ne l'avez pas vu... puisque vous ne savez pas où il est...

LA CIGALE, le regardant avec défiance.

Non... non... je n'ai rien vu... je ne sais rien.

MARCOL.

Alors... bonsoir, mon enfant.

LA CIGALE, vivement.

Monsieur...

MARCOL, se retournant.

Vous dites ?...

LA CIGALE, après réflexion.

Rien... Bonsoir, monsieur.

MARCOL, en s'éloignant par le fond et se cachant

Bonsoir.

LA CIGALE, agitée.

Oui... oui, j'ai bien fait de me taire... On le cherche... on lui en veut... il ne faut pas qu'il rentre à Paris... Oh ! je le préviendrai... je lui dirai... je le sauverai... (Regardant autour d'elle.) Personne... on ne me voit pas... Allons prévenir Léonard..... au chantier de pierres. (Elle s'éloigne avec précaution et disparaît au milieu des arbres.)

MARCOL, paraissant tout à coup et la suivant à distance.

Je saurai où tu vas... toi !

FIN DE LA PREMIÈRE PARTIE.

DEUXIÈME PARTIE

———

Le Chantier de pierres

De tous côtés de grosses pierres. — Au fond, une grande roue à carriers. — Verdure sèche, rare et brûlée. La lune, voilée de nuages, éclaire à demi.

———

SCÈNE PREMIÈRE

TÊTE-NOIRE, LÉONARD.

TÊTE-NOIRE, à Léonard qui s'appuie sur lui.

Courage... nous y sommes... nous v'là arrivés... c'est ici... (Lui désignant une pierre.) Tiens... assieds-toi...

LÉONARD, se laissant tomber sur une pierre.

Il était temps... je n'aurais pas pu aller plus loin... (Portant la main à l'épaule blessée.) Ah ! l'horrible douleur !...

TÊTE-NOIRE.

La marche et le frottement ont enflammé la plaie... ne t'effraie pas... cela ne sera rien... une compresse d'eau fraîche... et, demain matin, il n'y paraîtra plus... (Écartant la chemise de Léonard, et examinant sa blessure.) N'y a pas grand mal... va... une petite déchirure... je vais t'arranger ça... (Déchirant son mouchoir en bandes.) Là... maintenant... derrière ces pierres, il y a un petit filet d'eau... (Y allant et trempant le mouchoir, revenant à Léonard, qu'il panse.) — Eh bien ! ça va-t-il mieux, hein ?... remue-toi donc... que diable... ou bien repose-toi... et prends patience... au petit jour, nous partirons...

LÉONARD.

Pour être arrêtés, peut-être !

TÊTE-NOIRE.

Allons donc... personne ne nous reconnaîtra, ceci est mon affaire !... *Le Sanglier* est là !

LÉONARD, surpris.

Le Sanglier ?

TÊTE-NOIRE.

Ah ! c'est juste... tu ne sais pas, toi... — *Le Sanglier* est un de mes noms ; j'en ai autant que de visages, et, moi seul... je connais le mien ! (D'un ton sombre.) Les serpents changent de peau...

LÉONARD.

Fuir... toujours... sans cesse... mais ce n'est pas vivre cela... Tu m'avais promis autre chose...

TÊTE-NOIRE, amèrement.

Tu es trop pressé... attends.

LÉONARD.

Attendre ! quoi ?... la prison !

TÊTE-NOIRE.

De quoi te plains-tu ? Tu es libre !

LÉONARD.

Oui... mais poursuivi... traqué... saignant... forcé de me cacher, comme une bête fauve, au milieu de ces pierres... (Avec abattement.) Ah ! tu as raison... j'ai tort de me plaindre !

TÊTE-NOIRE.

Tu t'effarouches pour un rien... A présent, n'y a plus moyen de reculer... t'es compromis... faut marcher...

Soit !

LÉONARD, sombre.

TÊTE-NOIRE.

A la bonne heure... voilà parler... C'est pas un reproche... mais t'as pas été commode à faire venir à moi... — Je donne un coup de pied chez Larigole... c'est nécessaire... Toi, pendant ce temps-là... ne crains rien... dors, t'es chez toi... (Montrant les pierres.) Quand le jour paraîtra... je serai ici... Je te réveille... et nous rentrons dans Paris, en choisissant notre barrière... (Il disparaît au milieu des pierres.)

SCÈNE II

LÉONARD, se touchant l'épaule.

Ah !... je souffre toujours !... En me battant contre eux, c'est étrange, je n'avais plus mon même courage... je n'osais me défendre (Regardant autour de lui. Se levant.) La hideuse plaine, avec ses pierres blanches, ça me fait l'effet d'un cimetière... Je n'ai jamais pensé aux morts ; pourquoi donc que j'y songe aujourd'hui ? Demain, j'irai au Montparnasse... je chercherai où on a enterré *la grand'mère*... y a longtemps de cela... j'la trouverai peut-être plus !... — Je crois, que j'avais sept ans... j'étais tout seul, derrière le corbillard, avec une voisine, qui me tenait par la main... et je pleurais à chaudes larmes ! Ah ! la pauvre vieille est morte trop tôt !...

SCÈNE III

LÉONARD, LA CIGALE.

(La Cigale paraît au fond, et cherche Léonard à travers les pierres.)

LÉONARD.

Qu'ai-je donc... est-ce le froid qui me saisit... ou le sang que j'ai perdu ?... mais il me semble que je m'en vais. (Il tombe sur la pierre.) Si j'allais mourir là... tout seul... ah ! c'est trop tôt, cela ne serait pas juste, je veux vivre... Autrefois, la grand'mère essayait de me faire prier Dieu... je voudrais me rappeler... (Cherchant.) Comment donc... ah ! oui. (Un genou en terre.) Mon Dieu... mon Dieu !... vous qui êtes dans le ciel... ayez pitié... ayez pitié ?... (Il se lève.) — Ah ! je ne sais plus... (Vaincu par la douleur.) Je ne peux pas... je ne peux pas... (Il tombe évanoui devant la pierre).

LA CIGALE, cherchant çà et là.

Je ne vois rien... je ne le vois pas... c'est triste ici... ces pierres donnent froid !... Où est-il ?... où est-il donc ?... (Elle s'avance et l'aperçoit.) Ah !... un homme étendu... là... (S'arrêtant.) J'ai peur... oh !... je veux voir... (Elle s'approche en se cachant derrière les pierres.) Il ne bouge pas ! (Elle approche encore et le reconnaît.) Oh ! c'est Léonard... (Elle avance vivement et l'examine.) Comme il est pâle !... il dort. (Avec effroi.) Ah !... s'il ne dormait pas !... s'il était mort... (Elle lui met la main sur le cœur.) Non, son cœur bat. C'est le sommeil ! Ah !... sa blessure est pansée... — Ses mains sont glacées... son front est humide... l'air de la nuit va lui faire mal ! (Elle ôte son châle et l'en couvre doucement.) Comme cela, il aura plus chaud... (Elle passe à droite et s'assied sur une pierre à côté de lui.) Il dort profondément... veillons sur lui... quand il se réveillera, je lui dirai pourquoi je suis venue...

LÉONARD, rêvant.

Grand'mère... grand'mère !... où est la tombe de grand'mère ?...

LA CIGALE.

Sa grand'mère l'a aimé... il y pense... moi aussi... souvent... je rêve des miens.

LÉONARD, toujours rêvant avec agitation.

A l'épaule... à l'épaule... c'est là...

LA CIGALE.

Il se plaint... il souffre... c'est qu'il est bien mal... la tête sur cette pierre... Voyons donc. (Elle s'asseoit, prend doucement la tête de Léonard, et la met sur ses genoux. Avec joie.) Là !

LÉONARD, rêvant toujours.

Merci, grand'mère...

LA CIGALE.

Elle l'aimait bien...

SCÈNE IV

LES MÊMES, MARCOL.

MARCOL, arrivant au milieu des pierres.

Elle m'a échappé... je l'ai perdue dans l'obscurité... elle courait d'une force... Rien par ici... Allons, j'ai échoué...

LÉONARD, se levant à moitié.

Qui donc est là ?...

LA CIGALE.

Il se réveille.

MARCOL, les apercevant.

Ah !... eux... je n'y comptais plus.

LÉONARD.

Une femme !...

LA CIGALE, lui mettant la main sur la bouche.

Taisez-vous... C'est moi... ne craignez rien...

LÉONARD.

La Cigale !

MARCOL.

Ah !... je les tiens !... (Il disparaît avec précaution.)

SCÈNE V

LÉONARD, LA CIGALE.

LA CIGALE.

On vous cherche... on vous poursuit... je le sais... on me l'a dit. Prenez garde... ne rentrez pas dans Paris... ou vous êtes perdu !... Voilà pourquoi je suis venue, monsieur Léonard...

LÉONARD.

Merci, la Cigale... J'ai donc dormi... (Remarquant la position de la Cigale près de lui.) Il me semblait... que, comme autrefois... je reposais dans les bras de grand'mère...

LA CIGALE, confuse.

Votre tête penchait... et alors... pour pas qu'elle tombe...

LÉONARD, gaiement.

Tu l'as ramassée !... (Prenant le châle.) Et ceci... à qui donc... Un châle... le tien... tu l'as ôté... pour le jeter sur moi...

LA CIGALE, plus confuse..

J'étais venue vite... j'avais trop chaud...

LÉONARD, lui prenant la main.

Cigale, tu es une bonne fille...

LA CIGALE.

Parce que je vous ai empêché d'avoir froid et de vous casser la tête sur ces pierres, en vous débattant dans votre sommeil..

LÉONARD.

Justement, c'est pour ça... Vois-tu, je dormais, mais je sentais tout de même... Quand tu as pris ma tête dans tes bras, il m'a semblé que je redevenais comme dans mon enfance, quand grand'mère me disait : « Léonard, sois bon... aime-moi... aime tout le monde, » et que j'étais si heureux de lui obéir, et si fier quand je la voyais contente de moi...

LA CIGALE.

S'il ne faut que vous dire ça pour vous rendre bon comme autrefois, c'est facile...

LÉONARD.

Oui, mais tu n'es pas toujours là, toi...

LA CIGALE.

C'est vrai.

LÉONARD.

Et tu ne m'aimes pas comme elle m'aimait... Depuis que je l'ai perdue, vois-tu, personne ne m'a aimé, personne ne m'aime... On ne peut pas m'aimer, d'ailleurs...

LA CIGALE.

Qu'en savez-vous ?...

LÉONARD.

Est-ce que tu m'aimerais, toi ?...

LA CIGALE.

Pourquoi pas...

LÉONARD, surpris, la regardant en face.

Vrai !...

LA CIGALE.

Vous êtes le premier, depuis bien longtemps, que j'aie trouvé bon pour moi... pourquoi donc que je ne vous aimerais pas ?...

LÉONARD.

Tout ça, c'est des paroles...

LA CIGALE.

C'est bon les paroles... quand ça sort du cœur...

LÉONARD.

Du cœur !...

LA CIGALE.

Sans doute...

LÉONARD.

Quoi ! tu consentirais à vivre pour moi... comme grand' mère...

LA CIGALE.

Le beau mérite... Si je vivais pour vous, est-ce que vous ne vivriez pas pour moi ?...

LÉONARD.

Ah !... je crois bien... une bonne petite personne douce et jolie comme toi... (La regardant.) car tu es jolie, bien jolie même, toi... la Cigale...

LA CIGALE.

Vous trouvez ?...

LÉONARD.

Oui... c'est drôle... je te croyais laide. Mais pour tout ça... il faudrait...

LA CIGALE.

Quoi ?

LÉONARD.

Que tu sois ma femme...

LA CIGALE.

Ah ! c'est vrai... je n'y pensais pas...

LÉONARD.

Tu vois bien.

LA CIGALE.

Eh bien !... pourquoi pas ?...

LÉONARD.

Hein !... que dis-tu ?...

LA CIGALE.

Je dis : pourquoi pas ?

LÉONARD.

Voyons... c'est sérieux, n'est-ce pas ?... tu ne plaisantes pas, la Cigale ?...

LA CIGALE.

Non, Léonard...

LÉONARD.

Et tu veux bien m'aimer ?...

LA CIGALE.

Je crois que je vous aime déjà...

LÉONARD, la prenant dans ses bras.

Ah ! mais c'est donc le bon Dieu qui t'a envoyée ici...

LA CIGALE.

Ah ! prenez garde...

LÉONARD.

Quoi donc.

LA CIGALE.

Votre blessure...

LÉONARD, se levant.

Ma blessure... j'y pense bien... Est-ce que je la sens ?... Mon Dieu, depuis bien longtemps, c'est le premier jour où je sois heureux... Et toi aussi, va, tu seras heureuse, ma petite Cigale... Comme je vas t'aimer... Tout ce que tu voudras ; tout ce que tu pourras désirer... car j'ai de l'argent... et j'en aurai... (S'arrêtant tout à coup.) Ah ! qu'est-ce que je dis donc là !...

LA CIGALE.

Quoi ?...

LÉONARD.

Puisque tu m'aimes... je ne peux plus... (Il s'asseoit.)

LA CIGALE.

Non !... oh ! non !... quand on aime, on ne peut plus faire le mal...

LÉONARD.

Le mal... qu'est-ce que c'est que le mal ?...

LA CIGALE.

Dam... c'est ce qui n'est pas bien...

LÉONARD.

Oui... mais qu'est-ce que c'est que le bien ?... Grand'mère me le disait autrefois... mais depuis, on m'a embrouillé les idées...

LA CIGALE.

C'est plus facile à penser... qu'à dire... le bien, ça doit être ce qui vous rend content, quand on l'a fait.

LÉONARD.

Ah !...

LA CIGALE.

Hier, quand vous avez fait... ce qui vous a amené ici, étiez-vous content ?...

LÉONARD.

Non... j'avais beau me dire : en v'là pour quelques jours, à boire, manger, faincanter... mais... je n'étais pas content.

LA CIGALE.

Et, quand vous m'avez secourue, étiez-vous content ?...

LÉONARD.

Pour ça, oui... j'avais le cœur léger !

LA CIGALE.

Alors, voilà ce que c'est : le mal, c'est de prendre... le bien, c'est de donner...

LÉONARD.

Oui,... ça doit être... t'as des idées, toi, la Cigale. Pourtant,
e veux... oui, je veux que nous soyons heureux!...

LA CIGALE.

Nous le serons...

LÉONARD.

Comment?...

LA CIGALE.

Nous travaillerons...

LÉONARD.

Travailler... ça doit être difficile, ça... et ennuyeux...

LA CIGALE.

Non, quand c'est pour ceux qu'on aime...

LÉONARD, regardant la Cigale.

Oui... c'est possible... au fait, j'ai deux bras comme tout le
monde,... et de solides épaules.

LA CIGALE.

Et le dimanche, nous nous reposerons...

LÉONARD.

Et le lundi!...

LA CIGALE.

Hum... le lundi! Allons, va pour le lundi... afin de vous
habituer... mais plus tard... nous le supprimerons! — toujours
ensemble... nous encourageant... nous consolant... nous ai-
mant... Je crois que voilà le bonheur, Léonard...

LÉONARD.

Viens... partons vite... j'ai peur qu'il ne m'échappe. — Car
il va revenir, l'autre!

LA CIGALE.

Ah!... oui... cet homme terrible... sinistre... avec lequel...

LÉONARD.

Et je ne veux pas le revoir.

LA CIGALE, entraînant Léonard.

Ah! venez... venez...

SCÈNE VI

MARCOL, LÉONARD, LA CIGALE.

MARCOL, se dressant devant eux.

Un instant...

LA CIGALE, à part.

Ah!... lui... c'est lui... qui...

LÉONARD.

Que me voulez-vous?... Je ne vous connais pas...

MARCOL.

Regarde-moi bien!

LÉONARD.

Ah!... c'est vous... qui hier... au cabaret de...

MARCOL.

Ai essayé de te donner un bon conseil... tu ne l'as pas voulu...
tant pis pour toi.

LÉONARD.

Qui êtes-vous donc?

MARCOL.

Que t'importe?... — Réponds!... Tu n'es pas seul ici, avec
cette fille?... et l'autre... le Sanglier... où est-il?... Tu vois
que je connais son nom... Réponds donc...

LÉONARD.

Je ne sais pas...

MARCOL.

Écoute... écoute bien... tu es jeune... La faute que tu as
commise est grave... mais c'est la première... et tu as été entraîné...

LA CIGALE.

Mon Dieu!

MARCOL.

J'ai pitié de toi... Dis-moi où est le Sanglier... et je te laisse
libre...

LÉONARD.

Je ne sais pas... — Il n'est pas ici... Voilà tout.

MARCOL.

Mais vous devez vous retrouver... quelque part, ici, peut-
être...

LÉONARD.

Je comprends; vous voulez que je vous le livre, n'est-ce
pas?...

MARCOL.

Oui... et si tu peux me dire le véritable nom de cet homme,
ce n'est pas seulement la liberté que tu auras... tout ce que je
possède... je te le donne... tu vivras riche.

LÉONARD.

S'il a un autre nom, je ne le connais pas. — Je le fuis, cet
homme... je ne veux plus le voir... il me fait horreur... Mais
quant à vous le livrer... non... il me semble que cela serait
lâche!...

MARCOL.

Malheureux... réfléchis!...

LA CIGALE.

Léonard...

LÉONARD.

Comment agirais-tu, toi, la Cigale?...

LA CIGALE, après un temps,

Comme vous, Léonard.

MARCOL.

Une dernière fois...

LÉONARD.

Non.

SCÈNE VII

LES MÊMES, TÊTE-NOIRE, puis DES HOMMES DE MARCOL.*

TÊTE-NOIRE, rampant au milieu des pierres,

Avec qui cause-t-il donc?...

MARCOL, à Léonard.

Alors... tu vas me suivre.

LÉONARD.

Ceci... c'est autre chose...

TÊTE-NOIRE, se disposant à se précipiter sur Marcol, et à part.

Oh! oui...

MARCOL, à Léonard.

Ne bouge pas... (Etendant le bras.) Et regarde. (Des hommes paraissent et entourent Léonard et la Cigale.)

TÊTE-NOIRE, se tapissant derrière les pierres.

Oh! oh!... minute!

LA CIGALE.

Mon Dieu!

LÉONARD, avec désespoir.

Arrêté... moi!... en prison... (Se précipitant sur les pierres.) Ah!
plutôt me briser le crâne!

LA CIGALE, l'arrêtant,

Léonard.

LÉONARD.

Laisse-moi! laisse-moi!

LA CIGALE.

Non... non... je ne veux pas que tu meures... Je t'aime... je
t'aimerai toujours.

LÉONARD.

Toujours?...

LA CIGALE.

Oui, toujours!...

MARCOL.

Parle donc...

LÉONARD.

Non.

MARCOL.

Tu le veux... (Aux hommes.) Emmenez-le.

LÉONARD, à la Cigale.

Oh!... nos rêves de bonheur!...

LA CIGALE.

Léonard, tu as fait le mal... il faut le payer...

LÉONARD,

C'est juste...

* Marcol, Léonard, la Cigale, Tête-Noire.

MARCOL, avec rage.

Quant à toi,... tôt ou tard, je t'aurai, *Sanglier* du diable !

TÊTE-NOIRE, montrant Marcol.

Ah !... je te connais maintenant, toi... tu t'appelles le *Lynx.*

FIN DE LA SECONDE PARTIE

TROISIÈME PARTIE

—

Le Nid de la Cigale

Une mansarde. — Des fleurs dans des pots, des ouvrages de couture çà et là. —Meubles pauvres, mais très-propres. — Portes au fond, portes latérales.

—

SCÈNE PREMIÈRE

LA CIGALE, repoussant une tasse de lait, placée sur une petite table, où sont aussi des objets de couture.

C'est singulier... ce matin, je n'ai pas d'appétit... moi qui déjeune si bien d'habitude... j'ai le cœur gros... et, comme des envies de pleurer !... Toute cette nuit, j'ai rêvé de lui... de Léonard. — Bien sûr... aujourd'hui, je recevrai une lettre... Pourvu que ce soit une bonne nouvelle... S'il allait tomber malade là-bas !... Oh ! non... non... c'est impossible !... Je partirais, d'abord !... (Serrant sa tasse de lait dans un petit buffet.) Non, décidément je n'ai plus faim... passons à mon dessert ; relisons ses lettres !... (Elle prend une petite liasse de lettres dans sa boîte à ouvrage et s'assied.) Je les sais par cœur... mais n'importe... ça me fait toujours autant de plaisir que si je les voyais pour la première fois...—Celle-ci, c'est la première... qu'il m'a fait écrire le lendemain de son arrivée... (Lisant.) — « Melun... Cigale... ma sœur... ma femme... je vais subir ma peine... je vais payer ma dette... Dans trois ans je sortirai... où seras-tu dans trois ans ?... « (Parlé) Fi !... que c'est vilain, monsieur, de ne pas avoir cru en moi... Aussi, je vous ai ré-pondu de la bonne encre ! (Prenant une autre lettre.) Voici *sa seconde* ; elle était déjà signée de sa main... Il apprenait à lire et à écrire, et bientôt il n'avait plus besoin de personne pour me faire connaître ses pensées... (Eparpillant d'autres lettres.) Y en a-t-il ? d'écrites en gros, en moyen, puis en fin, se dépêchait-il d'apprendre, afin de m'en écrire plus long... et plus serré... C'est qu'il a vraiment une très-jolie écriture... — Dans celle-ci... il me dit qu'il apprend l'orthographe... et le calcul... Doit-il être savant, depuis le temps !... plus que moi... qui n'ai pu apprendre qu'une chose, la couture... (Se levant). Le jour, j'al-lais en apprentissage... le soir, je chantais pour vivre. — Enfin... avec mon aiguille... j'ai pu gagner mes journées ; alors j'ai accroché à ce clou la compagne de ma pauvreté... ma guitare... qui souvent, lorsque la nuit tombe dans ma mansarde, semble me crier : — Prends-moi... prends-moi donc... comme jadis... et chante... la Cigale... chante... *le Retour du prisonnier* !... (Réfléchissant). Dans trois mois... je le reverrai... Trois mois... est-ce Dieu possible !... (Elle court regarder un petit calendrier accro-ché au mur.) Oh ! maudit almanach, va, pourquoi donc les mois n'ont-ils pas tous vingt-huit jours... — Ah ! où avais-je donc la tête, hier soir ?... J'ai oublié d'effacer un jour... c'est le huit aujourd'hui... (Prenant un crayon.) Vous êtes passé, vous, mon-sieur le sept ; tâchez un peu de vous en aller... (L'effaçant.) Oh ! les vilains jours, ils durent comme des années... Je crois, vrai-ment, qu'ils s'allongent auprès de moi !

SCÈNE II

LA CIGALE, LA MÈRE MOREL

LA MÈRE MOREL, qui est entrée sur les derniers mots et la regarde, appuyée sur son balai.

Ah ! y a pas besoin de les rayer, mamzelle Madeleine.

LA CIGALE, se retournant.

La mère Morel...

LA MÈRE MOREL, soupirant.

Ce qu'est passé, ne r'vient plus.

LA CIGALE.

Ça va-t-il bien ce matin, mère Morel ?...

LA MÈRE MOREL.

Dans les prix doux... J'ai mon rhumatisme ; mais j'lui fais balayer les escayers... ça le secoue... Ah ! ça dites-moi donc un peu pourquoi que vous vous amusez comme ça, tous les jours, à charbonner votre almanach ?

LA CIGALE.

Pour être bien sûre que je vieillis, mère Morel...

LA MÈRE MOREL.

Ah ! jeunesse... vous jouez avec le feu !... Je vous attends à votre premier cheveu gris !

LA CIGALE.

Des cheveux gris... moi... je n'en aurai jamais...

LA MÈRE MOREL.

J'en ai bien eu des blonds, moi... et cendrés !... Mais, dites-moi donc... ma petite Madeleine, vous n'avez pas vu mon polis-son ?...

LA CIGALE.

Benoît, votre fils... non... pas du tout :

LA MÈRE MOREL.

Maudit garnement... où qu'il peut être ?

LA CIGALE.

Avec ses camarades... bien sûr... Ne vous inquiétez donc pas !

LA MÈRE MOREL.

Jolie compagnie... des rien du tout... des mauvais sujets. Tenez... savez-vous ce que j'ai trouvé... l'autre jour, dans sa poche... devinez...

LA CIGALE.

Quoi ?

LA MÈRE MOREL.

Une pipe !

LA CIGALE.

Une pipe !..

LA MÈRE MOREL.

Et culottée, à son âge !... ça va sur ses quinze ans... Ah ! c't enfant-là me causera plus de tourments qu'il n'est gros,.. voyez-vous...

LA CIGALE.

Allons, allons, il ne faut pas se désoler à l'avance, maman Morel... c'est un étourdi, pour ça... oui...

LA MÈRE MOREL.

Et gourmand, et paresseux, hargneux, *coléreux et répon-deur* !

LA CIGALE.

Bast... il vous aime bien... et il a bon cœur !...

LA MÈRE MOREL.

Quand la tête ne vaut rien, le cœur se gâte !...

LA CIGALE, regardant le calendrier.

Quelquefois, mère Morel, c'est le cœur qui guérit la tête... (On frappe).

LA MÈRE MOREL.

On a frappé.

LA CIGALE.

Vous vous trompez... ce n'est pas ici... je n'attends personne...
Ah ! si, monsieur Herbillon, le propriétaire.

SCÈNE III

MÈRE MOREL, LÉONARD, LA CIGALE.

LÉONARD, sur le seuil.

Ici... est-ce ici...

LA CIGALE, poussant un cri de surprise, puis courant se jeter dans ses bras.

Ah ! Léonard !...

LEONARD, la pressant sur son cœur.

Elle... elle... Madeleine !

LA MÈRE MOREL.

Hein, qu'est-ce que c'est que ce particulier-là ?...

LA CIGALE,

Toi ! c'est bien toi !...

LEONARD.

Oui... moi... libre... libre... Oh ! mais viens donc plus près
que je t'embrasse encore... toujours...

LA MÈRE MOREL.

Ah ça ! jeune homme, dites donc, ne l'étouffez pas

LA CIGALE, interdite.

C'est... c'est mon frère, mère Morel...

LEONARD.

Oui... son frère... je suis son frère...

LA CIGALE.

Je ne l'attendais pas sitôt... et ça m'a fait un effet de le revoir...

LEONARD.

Et à moi donc !

LA MÈRE MOREL.

C'est tout naturel, ça, mamzelle Madeleine... un frère...
comme on dit, dans les livres, c'est un parent donné par la
nature.

LEONARD.

J'aurais pu t'écrire, te prévenir... mais non... je me suis
dit... il faut lui faire une surprise.

LA CIGALE.

Ah ! c'est mal... (Lui serrant les mains.) Non, c'est bien... mais
comment se fait-il ?...

LEONARD.

Que j'arrive trois mois plus tôt ?... C'est bien simple... figure-
toi... que là-bas... ils m'ont...

LA MÈRE MOREL.

Hein !...

LA CIGALE, bas, en lui montrant la mère Morel.

Chut...

LEONARD, réfléchissant.

Ah !... oui...

LA MÈRE MOREL.

Je m'en vais, mamzelle Madeleine... faut que j'aille faire le
ménage de mon employé à la salubrité... et... y a d' l'ouvrage..
allez...

LA CIGALE.

Au revoir, mère Morel.

LA MÈRE MOREL.

Au revoir, mon enfant... (A part.) Ils ont à se suchotei... s
faut jamais gêner les gens... je n' connais que ça, moi...

LA CIGALE.

Au revoir.

LA MÈRE MOREL.

Oui !... oui... au revoir. (A part.) Pour que je m'en aille.

SCÈNE IV

LÉONARD, LA CIGALE.

LÉONARD, à la Cigale.

Viens ici, viens donc... que je te regarde... Je t'ai embrassée, mais je ne t'ai pas vue... (Il la prend par les deux mains et la
regarde.)

LA CIGALE.

Eh bien ?...

LÉONARD.

Tu es embellie...

LA CIGALE.

C'est comme vous... vous avez bien meilleur air qu'autrefois...

LÉONARD.

Ah ! tu me disais toi dans tes lettres...

LA CIGALE.

C'était de si loin !

LÉONARD.

Tu m'aimes donc moins de près ?...

LA CIGALE.

Oh ! non.

LÉONARD, souriant.

Eh bien, alors, tutoie-moi... ou je m'en vais...

LA CIGALE, vivement.

Veux-tu bien rester ici tout de suite.

LÉONARD.

Chère sœur... Oh ! oui... tu es ma sœur, ma bonne petite
Cigale.

LA CIGALE.

Ah ! tu sais... j'aime mieux Madeleine... Appelle-moi Madeleine ! C'est ainsi qu'on me connaît ici.

LÉONARD.

Tu as raison... mais c'est sous le nom de la Cigale que je
t'ai connue... et, si je le dis encore, ce ne sera qu'à toi... qu'à
toi seule !...

LA CIGALE.

Tais-toi donc, bavard... et dis-moi bien vite comment...

LÉONARD.

On m'a fait grâce de trois mois... parce qu'on était content
de moi, là-bas... Un beau matin, avant-hier, on m'a fait venir
et on m'a dit : « Léonard, grâce à votre bonne conduite...vous êtes
libre !... » Ah ! Madeleine, Madeleine... quand cette grande
porte, chevillée de fer... s'est refermée derrière moi... je ne le
croyais pas encore !... je restais là... Le factionnaire me fit éloigner... Je respirais de l'air... du véritable air!... Je marchais
sur de la terre... de la terre, entends-tu bien... de la terre de
tous... de la terre du passant... J'étais comme ivre... Je trébu-
chais... j'allais à droite... à gauche... essayant ma volonté...
puis je me mis à courir... j'avais peur qu'on me reprît !... Je re-
gardais de tous mes yeux... le ciel... la campagne... des rou-
liers qui cheminaient... des bœufs qui revenaient du labour...
un chien vint me caresser... Tout à coup, je n'y vis plus... de
grosses larmes voilaient mes paupières !... Larmes bénies...
larmes de joie... larmes de liberté !

LA CIGALE.

Pauvre cher Léonard... prisonnier... toi... trois longues
années... Que tu as dû souffrir !

LÉONARD.

Oui... et pourtant chaque jour que je passais entre ces mu
railles, me semblait une dette que je payais... et je me sentais
redevenir meilleur...

LA CIGALE.

A présent, tu te conduiras joliment bien...

LÉONARD.

Plutôt mille morts que de retourner là-bas... où, pourtant, j'ai
bien employé mon temps... comme disait le digne prêtre, qui
me consolait toujours dans mes heures désespérées : « Quand
le terrain est bon, que la semence vienne tôt ou tard, elle fruc-

tifie toujours. » Et toi... Madeleine... tu travailles... tu as de l'ouvrage... tu es heureuse...

LA CIGALE.

Oh! oui... J'ai trouvé de bonnes âmes qui m'ont aidée... d'excellentes pratiques, une entre autres, la dame de M. Herbillon, mon propriétaire... une brave dame... qui s'intéresse à moi... Aussi, tu vois, je me suis acheté un joli petit mobilier... que je paie à tempérament, par exemple... mais c'est presque fini.

LÉONARD.

Ne n'inquiète pas de ça... D'abord me voici... le travail ne m'effraie plus, à présent... et dès que j'aurai trouvé une place...

LA CIGALE.

Vous avez tout le temps d'attendre, monsieur...

LÉONARD.

Comment?

LA CIGALE.

Car, vous avez des économies... oui, le dimanche, je travaillais pour toi...

LÉONARD, ému.

Madeleine...

LA CIGALE, lui montrant une tirelire sur la cheminée.

Et toutes les semaines, dans cette tirelire... je ne sais pas au juste combien il y a de petites pièces blanches... mais dam, il en manque douze... tu es venu trois mois plus tôt...

LÉONARD, très ému.

Madeleine... chère Madeleine...

LA CIGALE.

Qu'as-tu donc?...

LÉONARD, essuyant une larme.

J'ai... je suis heureux... travailler pour moi. — Toi... chère fille! Mais je suis presque riche... j'ai cinq cents francs...

LA CIGALE inquiète.

Plaît-il?...

LÉONARD.

Oh! qui sont à moi... bien à moi... ma masse... la part de mon travail... que l'on m'a sagement retenue... pendant ces trois années, et qui m'a été remise à ma sortie...

LA CIGALE, désappointée.

Cinq cents francs... ô ma pauvre petite tirelire, comme te voilà humiliée!...

LÉONARD.

Nous les garderons, Madeleine, tes chères petites pièces blanches... nous les garderons... ce seront nos pièces de mariage!

SCÈNE V

Les Mêmes, BENOIT *, entrant brusquement.

BENOIT.

Ous qu'est maman?

LA CIGALE.

Est-ce qu'on entre comme ça chez les gens... mal élevé?...

BENOIT.

Dam! fait' excuse, mamzelle Madeleine... j'savais pas qu'vous aviez d'la compagnie... et puis... vot' clé était sur votre porte. Une autre fois... faudra l'ôter... quand vous recevrez votre amoureux...

* Léonard, la Cigale, Benoit.

LÉONARD, moitié riant, moitié fâché.

Attends... attends, toi...

BENOIT.

Ah! on n'a pas peur, bourgeois... un homme vaut un homme...

LÉONARD, à la Cigale.

Quel est donc ce gamin-là?...

LA CIGALE.

C'est le petit de la portière.

BENOIT, indigné.

Le petit de la portière... dites donc un peu... vous... on a ses quinze ans... moins sept mois... (S'approchant de la Cigale, et se haussant sur ses talons.) C'est que je suis plus grand qu'elle!... encore! Ell' m'fait mal! qué malheur!!

SCÈNE VI

Les Mêmes, LA MÈRE MOREL *,

LA MÈRE MOREL, entrant.

Ah! te voilà donc, méchant garnement... d'où viens-tu?... où es-tu passé?...

BENOIT.

Ah! si vous allez encore me bougonner... vous...

LA MÈRE MOREL.

Hier soir, sur la commode... j'ai laissé une pièce de dix sous, et c'matin, j'l'ai plus retrouvée... Qui qui l'a prise, dis... c'est-il toi?...

BENOIT.

Eh ben!... oui... mon Dieu... faut pas tant vous enlever... c'est moi... (Avec dignité.) Pour mon tabac!

LA MÈRE MOREL, indignée.

Son tabac!...

BENOIT.

Et puis, vous m'aviez cassé ma pipe... une Gambier!... Merci, j'en ai acheté deux autres... ça a fait votre compte!

* Léonard, la Cigale assise, mère Morel, Benoit.

LA MÈRE MOREL.

Vous le voyez, mamzelle Madeleine... si ça n'est pas à désoler le cœur d'une mère...

BENOIT, étonné.

De quoi?... parce que j' fume ma bouffarde?

LA CIGALE.

Benoît, tu trouves donc bien du plaisir à faire pleurer cette pauvre maman Morel?... (Elle se lève.)

BENOIT.

Du plaisir, moi?... ah ben!... par exemple!... Mais qu'on lui fasse donc quéque chose... et celui-là, j' vous l'abats... (Prenant la tête de la mère Morel et l'embrassant.) Tenez... la mère... tenez, vl'à comme je vous hais...

LA MÈRE MOREL, se dégageant.

Non... laisse-moi.

LA CIGALE.

Eh bien! alors, contente-la donc et conduis-toi bien...

BENOIT.

J' fais rien!

LA MÈRE MOREL.

C'est justement!

LA CIGALE.

Au moins, ne fréquente plus de mauvaises sociétés...

BENOIT.

Pourquoi qu'on n' m'invite pas au faubourg Saint-Germain? à l'Ambassade!

LA MÈRE MOREL.

Vous le voyez, mamzell' Madeleine... avec lui, on n'a jamais le dernier mot.

BENOIT.

Maman, c'est plus poli... faut toujours répondre au monde. Il y a sur not' loge: parlez au portier.

LÉONARD, à part.

A son âge... j'étais ainsi!

LA MÈRE MOREL.

J'ai fait c' que j'ai pu, pourtant... mais je n' peux pas toujours être sur ses talons... faut que j' gagne sa vie et la mienne... Ah! sans les coquins qui m'ont dévalisée... j'aurais pu l'surveiller... l' faire instruire...

LÉONARD, passant près de la mère Morel.

Ah! on vous a...

LA MÈRE MOREL.

Tout ce que je possédais, mon brave jeune homme... y aura trois ans... c't' automne!

LÉONARD, *tressaillant.*

Trois années !...

LA MÈRE MOREL, *montrant Benoit.*

Et par la faute de ce méchant sujet-là, qui, au lieu d'garder la boutique, s'amusait à polissonner sur le boulevard...

BENOIT.

Je jouais au bouchon.

LA MÈRE MOREL.

Et pendant c' temps-là, on nous enlevait tout not' pauvre avoir...

LÉONARD.

Et... où donc était... votre... magasin ?...

LA MÈRE MOREL.

Proche la barrière de l'Etoile...

LÉONARD, *à lui-même.*

Ah !... (Haut) Et. . le commerce... que vous exerciez... c'é-tait ?...

LA MÈRE MOREL.

Marchande à la toilette...

LÉONARD, *à part.*

Mon Dieu !...

LA CIGALE.

Qu'avez-vous donc, Léonard ?...

LÉONARD, *se contraignant.*

Moi ?... rien... rien...

LA MÈRE MOREL.

Figurez-vous que j'étais sortie pour des échantillons... Quand j' rentrai à la boutique, mes chers enfants du bon Dieu, tout était enlevé... et les meilleures choses... J'en ai fait une grosse maladie, que j'en ai manqué mourir... On en a bien attrapé un, qu'on a jugé pendant que j'étais à l'hôpital... mais c'est pas à quelques années de prison... qu'il faudrait les condamner ces gueux-là... (s'exaltant) c'est à... je ne sais pas quoi... pour leur apprendre à voler l' pain d'une pauvre veuve...

LÉONARD, *presque malgré lui.*

Oh ! assez... assez...

LA MÈRE MOREL.

Je ne suis qu'une femme... tenez... et bien vieille... eh bien, j'crois qu'si j'les tenais... là... sous la main...

BENOIT, *la calmant.*

Voyons... m'man...

LA MÈRE MOREL.

J'suis pieuse, allez... j'ai de la religion... Eh ! bien j'ai beau m'dire qu'elle enseigne qu'il faut pardonner... j'peux pas... et à chaque moment du jour, j'm'écrie en pleurant : je vous maudis, misérables... vous m'avez arraché l'avoir de mon enfant !

LÉONARD, *à part.*

Mon Dieu ! voici le véritable châtiment !...

LA CIGALE.

Léonard... mon ami... où vas-tu donc ?...

LÉONARD, *prenant sa casquette.*

Moi... je... reviens, Madeleine... je reviens... (À part en sortant brusquement.) Ah ! mon sang... tout mon sang... pour effacer cette tâche de ma vie !

SCÈNE VII

LA CIGALE, LA MÈRE MOREL, BENOIT,
puis HERBILLON.

LA CIGALE, *à part, avec contrariété.*

Mon Dieu !... qu'avait-elle besoin... pauvre Léonard... cela lui a rapppelé... (Elle s'assoit.)

LA MÈRE MOREL.

Bien des pardons, mamzelle Madeleine... j'me dis toujours que j' n'en parl'rai plus... et c'est plus fort que moi... C'est c'méchant sujet-là qui me r'met tout en mémoire...

BENOIT.

Moi, je vous dis rien.

LA CIGALE.

Voyons, Benoit, tu vois combien la maman Morel a eu de chagrins... donne-lui donc plus de contentement.

LA MÈRE MOREL.

Lui... Ah bien oui !

BENOIT.

Pourquoi qu' vous me cassez mes pipes, aussi...

LA CIGALE.

Est-ce qu'on doit fumer à ton âge... (se levant et allant vers Benoit.)

LA MÈRE MOREL, *haussant les épaules.*

Ça a encore du lait au bout du nez ! Qué malheur, mon Dieu !...

HERBILLON *, entrant sur le seuil.*

Je vous salue, mademoiselle Madeleine.

LA CIGALE.

Ah ! monsieur Herbillon !

BENOIT, *à part.*

Le Propriétaire !

LA CIGALE.

Mais entrez donc, monsieur Herbillon...

LA MÈRE MOREL.

Vot' servante, monsieur Herbillon...

HERBILLON. **

Ah ! c'est vous, maman Morel... Bonjour... (A Benoit.) Eh ! te voilà aussi, toi, bon sujet... Eh bien ! voyons... commençons-nous à devenir plus sage ?...

BENOIT.

J' tâche... m'sieu Herbillon... j' tâche.

HERBILLON, *le prenant par l'oreille.*

Hum !... coquin, je crois que tu tâches bien doucement...

LA MÈRE MOREL.

Ah ! c'est pas ça qui l'empêchera de dormir... allez...

HERBILLON.

Travaille, mon garçon... instruis-toi, et dans un an ou deux... si tu es capable... Eh ! bien... je te mettrai le pied dans l'étrier... je te prendrai dans mes bureaux...

LA MÈRE MOREL.

Oh ! si ce bonheur-là pouvait nous arriver... mon Dieu... — Tu vois, Benoit ?

BENOIT.

Eh oui ! (à part) ah ! zut !

HERBILLON, *à la Cigale.*

Vous vous doutez, ma chère enfant, du motif de ma visite ?...

* La mère Morel, Herbillon, la Cigale, Benoit.
** La mère Morel, la Cigale, Herbillon, Benoit.

LA CIGALE, *souriant.*

Oh ! oui, monsieur... C'est aujourd'hui le 8... je ne l'ai pas oublié... et je suis en mesure. (Elle va au buffet.)

HERBILLON.

Comme toujours... Très-bien... vous avez de l'ordre, de l'économie... j'aime cela...

LA MÈRE MOREL.

Oh !... crème des filles, va... (A Benoit.) Descends un peu à la loge... toi, sauvage !... v'là l'heure du facteur...

BENOIT, *prenant le milieu.*

Oui, m'man.

LA MÈRE MOREL, *allant près de Benoit.*

Eh bien ! tu ne m'embrasses pas ?...

BENOIT, *embrassant la mère Morel.*

Ah ! j' vous ai déjà embrassée ce matin.

LA MÈRE MOREL, *à part, avec un soupir.*

Pour eux... c'est toujours trop... pour nous... jamais assez.

BENOIT, *à part, en sortant et en tirant sa pipe.*

J' vas m'allumer ! Ousqu'est mon trèfle !

SCÈNE VIII

LA CIGALE, HERBILLON, LA MÈRE MOREL,
puis LÉONARD.

LA CIGALE, *donnant à Herbillon de l'argent qu'elle a tiré de sa commode.*

Tenez... voilà, monsieur... quarante-cinq francs...

HERBILLON.

Et voici votre quittance...

LA MÈRE MOREL *.

Vous en a-t-il fallu de ces aiguillées de fil pour amasser tout ça !...

HERBILLON.

Allez voir madame Herbillon, mon enfant, elle vous a recommandée, m'a-t-elle dit, à plusieurs personnes de nos amis.

* Herbillon, la Cigale, Léonard.

LA CIGALE.

Ah ! que vous êtes bons, tous deux... et que je vous suis reconnaissante, monsieur !

HERBILLON.

Par exemple !... faire travailler le pauvre, mais c'est le devoir du riche.

LÉONARD, à part en entrant.

Mon Dieu... je respire à présent... je suis plus calme...

HERBILLON, presqu'à lui-même.

Quel est ce jeune homme ?...

LA MÈRE MOREL, à M. Herbillon.

C'est le frère à mamzelle Madeleine...

HERBILLON.

Ah ! votre frère...

LA CIGALE, hésitant.

Oui... oui... monsieur...

LA MÈRE MOREL, à Léonard, passant près de lui.

C'est monsieur Herbillon... notre propriétaire... (Elle entre dans la chambre à gauche.)

LÉONARD, saluant.

Monsieur...

HERBILLON.

Vous demeurez à Paris, jeune homme ?

LÉONARD.

Depuis ce matin.

HERBILLON.

Et vous venez voir votre sœur...

LA CIGALE, vivement.

Mieux que cela... j'espère bien qu'il ne me quittera plus !...

LÉONARD.

Oui... oh ! oui... c'est aussi mon espoir... qu'une bonne chance me vienne, qu'un emploi, si modeste qu'il soit, m'arrive, et, comme toi, Madeleine, je travaillerai... pour pouvoir vivre à tes côtés, pour te voir... pour t'entendre... pour t'aimer...

LA CIGALE, bas.

N'en dis pas tant...

HERBILLON.

Vous savez écrire... compter ?...

LA CIGALE.

Et très-bien, même... oh ! il est joliment savant... allez, monsieur...

* Herbillon, la Cigale, Léonard.

HERBILLON.

Et que faisiez-vous avant de venir à Paris ?

LÉONARD, embarrassé.

J'étais... j'étais...

LA CIGALE, très-embarrassée.

Il était... soldat... Monsieur !

LÉONARD, à part, et la main sur son cœur.

Ah ! cela me fait mal, ce qu'elle vient de dire là !

HERBILLON.

Et vous vous nommez ?

LÉONARD.

Léonard...

HERBILLON.

Eh bien, je penserai à vous, monsieur Léonard... vous avez l'air d'un honnête garçon...

LÉONARD.

Ah ! monsieur... mettez-moi à même de gagner ma vie... et... je vous demande bien pardon... je ne sais pas m'exprimer... mais... tenez... essayez-moi, monsieur... et vous verrez...

SCÈNE IX

LES MÊMES, BENOIT *.

BENOIT, entrant vivement, un rouleau à la main.

M'man... m'man...

LA MÈRE MOREL, paraissant à gauche.

Quoi encore ?... t'as cassé quéque chose...

BENOIT.

Eh ! non, m'man. T'nez, v'là c'qu'un commissionnaire vient de me remettre pour vous...

LA MÈRE MOREL.

Pour moi ?...

BENOIT.

Un rouleau d'or... Cinq cents francs, rien que ça... je les ai comptés...

* La mère Morel, Benoît, Herbillon, Léonard, la Cigale.

LA CIGALE et HERBILLON.

Cinq cents francs !...

LA MÈRE MOREL.

Allons donc, c'est pour un des locataires de la maison.

BENOIT.

Pus souvent... c'est bien pour vous... et à preuve... c'est qu'il y a un mot d'écrit, avec... tenez... (Lisant le billet.) « A madame Morel, portière, de la part d'un ancien débiteur. »

LA MÈRE MOREL, prenant le papier.

Oui, ma foi...

HERBILLON, regardant.

C'est bien cela.

LA MÈRE MOREL.

Qu'est-ce que ça veut donc dire ?

LÉONARD *.

Cela veut dire, madame... que quelqu'un... qui sans doute, vous a nui autrefois... tâche aujourd'hui de racheter sa faute...

LA MÈRE MOREL à part.

Qu'est-ce qu'il a donc celui-là...

HERBILLON.

Cette somme est bien pour vous, prenez-la donc !... que ce soit un bienfait ou une réparation !

LA MÈRE MOREL.

Puisque vous me le dites, m'sieu Herbillon... (Passant près de Benoît.) Allons, v'là de quoi mettre Benoît dans une bonne école.

BENOIT, à part, et vexé.

Eh ! ben, excusez... merci... y a pas d'presse !

LA MÈRE MOREL.

J'garde donc cet argent, et j'bénis la main qui m'l'envoie...

LÉONARD, à part, avec joie.

Oh ! les bonnes paroles... les bonnes paroles !...

LA CIGALE, bas.

Léonard... cette somme... c'est toi, qui...

LÉONARD, bas.

Oui, c'est ma masse.

LA CIGALE, bas.

Ah !... la mère Morel... est donc...

LÉONARD, bas.

La pauvre veuve... réduite à la misère... par ma faute.

* Benoît, Herbillon, la mère Morel, Léonard, la Cigale.

LA CIGALE, bas.

Tais-toi... tais-toi...

BENOIT.

Dis, m'man... hein... donne-m'en une, des petites pièces jaunes...

LA MÈRE MOREL, lui montrant une pièce d'or.

Oui... tiens... la voilà... mais, je te la garde, pour t'acheter avec... une blouse et une casquette.

BENOIT, à part, avec colère.

Je la perdrai, la casquette...

HERBILLON.

A bientôt, Madeleine ; n'oubliez pas d'aller voir madame Her-

3

billon... Et, quant à vous, Léonard, venez me trouver demain dans mes bureaux...

LÉONARD.

Ah! monsieur...

HERBILLON, qui va sortir.

A demain donc...

LÉONARD, avec joie, et bas à la Cigale.

Tu le vois... Cigale... tout à l'heure j'ai bien fait... et le ciel m'aide !

FIN DE LA TROISIÈME PARTIE.

QUATRIÈME PARTIE.

Le Garçon de Caisse

Chez Herbillon. — Bureaux à droite et à gauche. — Premier plan de droite: une cage grillagée sur laquelle est cette inscription: CAISSE. — Portes au fond, portes latérales.

SCÈNE PREMIÈRE

LÉONARD, assis à un bureau à gauche et comptant des billets de banque.

Vingt-sept, vingt-huit, vingt-neuf et trente mille... Maintenant... comme appoint... trois cent quatre-vingt-treize francs... puis cinquante-cinq centimes... c'est bien cela... (Additionnant.) Trente mille trois cent quatre-vingt-treize francs cinquante-cinq centimes... C'est exact avec le bordereau... mon compte est juste... (Se levant.) Et quand monsieur Herbillon viendra dans les bureaux... (Regardant la pendule.) Bientôt dix heures... déjà... Oh! j'ai tout le temps de m'habiller. Quand même... je tenais à venir ce matin... les affaires de la maison ne doivent pas souffrir de mon bonheur... et puis... je serai bientôt prêt... (Voyant entrer la Cigale.) Ah!... Madeleine, bonjour, Madeleine... bonjour, ma femme...

LA CIGALE, souriant *.

Oh!... ma femme... ma femme... pas encore..

LÉONARD.

Non ; mais dans deux heures...

LA CIGALE.

Eh... il peut se passer tant de choses... en deux heures...

LÉONARD.

Méchante... tu ne veux peut-être plus de moi ?...

LA CIGALE.

Et toi ?...

LÉONARD.

Ah!... toujours...

LA CIGALE.

Eh bien, alors... pourquoi voulez-vous que je change... monsieur... puisque vous ne changez pas, vous... — Tu ne sais pas... madame Herbillon qui me fait cadeau d'une superbe robe de mariée !...

LÉONARD.

Et monsieur Herbillon qui veut se charger de tous les frais de la noce...

LA CIGALE.

Il faut le laisser faire.

LÉONARD.

L'excellent homme !

LA CIGALE.

La brave dame !...

LÉONARD.

Voilà des patrons !

LA CIGALE.

Voilà d'honnêtes gens !

SCÈNE II

LES MÊMES, HERBILLON, arrivant par la gauche.

HERBILLON, souriant.

Ah!... ah !... les deux futurs époux !

* La Cigale, Léonard.

LÉONARD et LA CIGALE.

Monsieur Herbillon !

HERBILLON.

Léonard... est-il venu quelqu'un me demander ce matin ?

LÉONARD.

Non, Monsieur... personne.

HERBILLON, à part, en tirant sa montre.

Au fait, il est encore de bien bonne heure !

LA CIGALE.

Monsieur Herbillon... je... voudrais... je ne sais vraiment comment vous dire ça... mais tenez... nous sommes confus de toutes vos bontés, à vous et à madame...

HERBILLON.

Mes bontés, vous ne les méritez guère, vous... sournoise que vous êtes... Ah! je vous en préviens... j'ai encore sur le cœur le gros mensonge que vous m'avez fait en me présentant votre amoureux... comme un frère...

LA CIGALE.

Ah! monsieur Herbillon... c'était dans une si bonne intention...

HERBILLON.

Courez vite trouver ma femme... mon enfant, elle vous attend, et elle se fait une fête de vous habiller elle-même !...

LA CIGALE.

Elle-même... Ah! monsieur... mais c'est trop d'honneur... (Passant près de Léonard.) Ah!... je suis bien heureuse, va, Léonard !

LÉONARD.

Dis plutôt, Madeleine... nous sommes bien heureux.

SCÈNE III

HERBILLON, LÉONARD.

LÉONARD, donnant à Herbillon des billets de banque, de l'argent et un bordereau.

Tenez, monsieur, voici ma recette d'hier... et le montant de quelques effets, que j'ai recouvrés ce matin... Le total est de 30,393.55... Si vous voulez vérifier...

HERBILLON, prenant le tout, qu'il met dans sa poche.

C'est bien, Léonard... c'est bien... C'est tout au plus si je vérifie après vous.

LÉONARD, ému.

Ah! monsieur... tant de confiance...

HERBILLON.

N'est-elle pas justifiée ?... Depuis six mois que vous êtes dans mes bureaux, en qualité de garçon de caisse, je vous ai étudié... éprouvé... et j'ai reconnu en vous beaucoup d'activité... d'intelligence... et surtout un grand fond de probité. Continuez à travailler avec ce zèle, cette conscience... tout en faisant votre besogne actuelle, mettez-vous le plus possible au courant de notre métier de commissionnaire en marchandises... étudiez les rouages de la petite banque... les questions d'escompte... et, dès que vous serez en état... je ferai de vous un de mes employés !

LÉONARD.

Employé... moi... chez vous... un pareil avenir... Ah! monsieur, c'est trop pour moi.

HERBILLON.

Vous vous trompez, Léonard... Au siècle où nous sommes... n'importe quel homme peut prétendre à tout, quand il a une vie sans tache...

LÉONARD, à part.

Ah! voilà un mot de trop.

HERBILLON.

D'ailleurs... vous avez été soldat... et, aussi bien que l'épaulette d'or, l'épaulette de laine anoblit!

LÉONARD, à part.

Mensonge indigne... qui me poursuit!...

HERBILLON.

Et ce portefeuille, qu'une modeste chaînette attache à votre habit... est aussi une marque glorieuse; c'est l'insigne de l'honnêteté.

LÉONARD.

Oui... je le porterai dignement, monsieur... et on ne me l'arracherait qu'avec la vie!

HERBILLON, se mettant au bureau et écrivant.

Tenez... avant de vous habiller pour la cérémonie... il me semble que vous avez encore le temps... Courez donc à la Banque... à la troisième caisse... toucher ce mandat de dix mille francs...

LÉONARD, prenant le mandat.

Oui, monsieur...

HERBILLON.

Et surtout, dépêchez-vous... n'allez pas faire attendre la mariée!...

LÉONARD, vivement, et en se dirigeant vers la porte du fond.

Oh!... ne craignez rien.

MARCOL, sur le seuil de la porte, et à Léonard.

Monsieur Herbillon?...

LÉONARD, le lui montrant.

Le voici, monsieur...

MARCOL.

Merci... (A part, et en considérant Léonard qui sort.) Voici un homme que j'ai vu quelque part!...

SCÈNE IV

HERBILLON, MARCOL.

HERBILLON, saluant.

Monsieur... vous êtes...

MARCOL.

La personne qu'hier, vous avez fait prier de passer chez vous.

HERBILLON.

Ah!... fort bien, monsieur... Vous connaissez déjà sans doute l'affaire pour laquelle j'ai réclamé vos soins... et que j'ai expliquée...

MARCOL.

Parfaitement... une traite fausse qu'on a présentée à votre caisse.

HERBILLON.

C'est cela, une traite de Pondichéry, et dont la signature est si parfaitement imitée, que je n'en aurais jamais soupçonné la coupable origine, sans l'arrivée fortuite, à Paris, de mon correspondant de Pondichéry... Depuis plus de huit mois, aucune traite n'avait été tirée par sa maison sur la mienne... J'étais résigné à passer cette somme par profits et pertes, lorsqu'hier, un homme, le même, sans doute, affriandé par le succès de sa première fraude, est venu présenter un second mandat portant les mêmes signatures... Par bonheur... l'heure était avancée, le guichet fermé... et mon nouveau caissier, qui n'avait aucune connaissance des précédents, remit à ce matin le paiement de cet effet... Je portai donc ma plainte... et si cet homme revient...

MARCOL.

Il n'a pu concevoir aucun soupçon?...

HERBILLON.

Aucun... l'heure tardive à laquelle il s'est présenté est la seule cause de la remise.

MARCOL.

Alors... il reviendra... et... ou je me trompe fort, ou votre faussaire... cette fois... se présentera dès l'ouverture de vos bureaux... Prenez donc place à votre caisse, vaquez à vos occupations, absolument comme si je n'étais pas ici... Quant à moi, je m'installe à ce bureau... je suis votre commis... vous faites vos paiements comme d'habitude, et si l'homme en question se présente, dès qu'il vous aura passé la traite par le guichet... ne dites que ceci : « Pondichéry... on va vous payer. » Je me lève, et le reste me regarde.

HERBILLON.

Mais... monsieur, vous êtes seul...

MARCOL.

Non, monsieur... avec moi... j'ai la loi!...

HERBILLON, tirant sa montre.

Dix heures passées... on peut venir...

MARCOL.

A vos affaires, monsieur... et moi... à mon devoir. (Herbillon entre dans la caisse, dont il referme la porte, et s'installe à un bureau devant le guichet; Marcol s'installe au bureau de gauche, et feint de travailler en compulsant des registres.)

SCÈNE V

MARCOL, au bureau; HERBILLON, dans la caisse; UN GARÇON DE BANQUE, puis SAINT-PHAR, puis TÊTE-NOIRE.

UN GARÇON DE BANQUE entre et passant un billet par le guichet de la caisse.

Six cent quarante-sept francs cinquante-cinq... caisse de Poissy. (Herbillon s'occupe de payer le garçon de banque.)

SAINT-PHAR, en entrant.

O fortune... vaporeuse déesse... on a beau fermer la main, tu files toujours entre les doigts... (Regardant un billet qu'il tient à la main.) Cent soixante-quinze francs trente-trois centimes à toucher... voilà les restes de mon cousin. — Je l'ai croqué trop vite! — Si j'économisais... c'est un peu tard!... Avec cela, j'en ai pour un jour... et après... Bast.. nous verrons bien!... (Passant son billet par le guichet.) Cent soixante-quinze francs trente-trois centimes... effet Gustave Mathieu Clos-Pessin... (Le garçon de banque qui a été payé sort.)

TÊTE-NOIRE, costumé en gentleman, à part, en entrant.

Cette fois... il faut espérer que la caisse sera ouverte.

SAINT-PHAR, au guichet.

De l'or, n'est-ce pas, monsieur... s'il vous plaît, de l'or? cela charge moins les poches.

TÊTE-NOIRE, à part, tirant un papier de sa poche.

Voyons... attaquons la question!

SAINT-PHAR, prenant son argent.

Merci bien, monsieur... (A part, en sortant.) Je dînerai à Bercy, aux Marronniers, avec la petite; je lui achèterai son chapeau... quelques paires de gants... un bouquet... et demain... où dînerai-je? — Demain... je n'aurai peut-être pas faim!

TÊTE-NOIRE, s'approcha t de la caisse, et passant sa traite à Herbillon.

Monsieur... je... c'est une...

SCÈNE VI

MARCOL, HERBILLON, TÊTE-NOIRE,

HERBILLON, dans la caisse.

Ah! Pondichéry... on va vous payer...

MARCOL, vivement et se levant.

Ah !

TÊTE-NOIRE, qui a surpris son mouvement de physionomie, le reconnaissant, et à part.

Ah ! le *Lynx* ! (S'adressant au guichet.) Pardon, monsieur, pardon… je désirerais vivement parler à monsieur Herbillon, en personne.

MARCOL, à part et se rasseyant.

Voyons cela.

HERBILLON, sortant de sa caisse.

C'est moi.

TÊTE-NOIRE, à part.

De l'aplomb, ou je suis pincé !

HERBILLON.

Que me voulez-vous ?

TÊTE-NOIRE.

Vous ne me remettez pas, monsieur… Non… je vais vous mettre sur la voie. Il y a une quinzaine… oui… ma foi… il y a bien cela… j'ai eu l'honneur de présenter à votre caisse une première traite tirée aussi de Pondichéry… et qui a été immédiatement payée… Aujourd'hui, monsieur, vous alliez, avec la même confiance, me solder encore cette seconde valeur…

HERBILLON, jetant un regard sur Marcol.

Oui…

TÊTE-NOIRE.

Minute, monsieur, minute… Veuillez, auparavant, examiner les signatures… avec la plus… scrupuleuse attention…

HERBILLON.

Est-ce que par hasard, monsieur, vous concevriez quelques doutes ?…

TÊTE-NOIRE.

D'énormes, monsieur, de considérables… et je vais même plus loin… j'ai des certitudes… Oui… cent fois oui… je mettrais votre main au feu, que cette traite est fausse… et non-seulement celle-ci, mais encore la première que j'ai déjà eu le plaisir de vous présenter…

HERBILLON.

Ah !…

MARCOL, à part.

Tiens !

TÊTE-NOIRE.

Et voici sur quoi je me fonde ! La disparition subite… et instantanée de l'individu de qui je tiens ces valeurs… tout me donne le droit de supposer, monsieur, que j'ai eu le malheur d'avoir affaire… à une sorte de flibustier… — C'est ma faute… je n'ai pas le droit de me plaindre… et ayant eu le tort grave, d'accorder ainsi ma confiance à la légère… il est de toute justice… que j'en supporte seul la responsabilité… et vous me voyez prêt, monsieur, si ces traites sont réellement entachées de faux, à vous rembourser intégralement la somme que j'ai antérieurement touchée.

MARCOL, à part.

Oh !… oh !.

HERBILLON.

A qui, monsieur, ai-je l'honneur de parler ?

TÊTE-NOIRE.

Hum… Couronnot… Stanislas Couronnot, ex-armateur, pour le moment… hôtel Meurice… (Donnant une carte à Herbillon.) Voici ma carte.

HERBILLON, prenant la carte.

J'ai reconnu en effet que ces traites sont fausses… et la preuve, c'est la présence de monsieur… qui était ici tout exprès pour mettre le faussaire à la disposition de la justice.

TÊTE-NOIRE.

Ah !… monsieur…

MARCOL, se levant et passant au milieu.

Moi-même.

TÊTE-NOIRE, saluant Marcol.

Monsieur, j'ai bien l'honneur… Permettez-moi de vous donner quelques indications sur le coquin qui m'a si audacieusement trompé. C'est un Génevois, nommé Tilmann… dont j'appris la fuite hier… c'est ce qui a éveillé mes soupçons… Je suppose avoir pris la ligne du Havre… pour, de là, passer en Amérique… c'est clair…

MARCOL, à Herbillon.

Veuillez me remettre cette fausse traite… je verrai s'il y a quelque chose à faire… (A Tête-Noire.) Tilmann… vous dites ?..

TÊTE-NOIRE.

De Genève.

MARCOL.

Ces gens-là, ne peuvent vivre longtemps loin de Paris… Je sais leurs habitudes… Tôt ou tard… je le trouverai. — Le malfaiteur tourne autour de la justice… comme la mouche autour de la lumière… il s'y brûle !

HERBILLON.

Terrible tâche que la vôtre, monsieur !… et, combien, ignorent l'obscur dévouement de ceux qui veillent dans l'ombre sur la sûreté de nos affaires et la sécurité de notre foyer !…

MARCOL.

La récompense, monsieur, est dans le sentiment du devoir accompli… pour moi, elle est ailleurs encore !

HERBILLON.

Comment ?

TÊTE-NOIRE.

Je ne saisis pas !

MARCOL.

Parmi ces hommes que je surveille et que je traque dans leurs repaires infâmes, il en est un que je poursuis non-seulement pour le compte de la société… mais pour le mien aussi !

TÊTE-NOIRE.

Ah !… Vous m'intéressez…

MARCOL.

Et celui-là est précisément le seul qui soit parvenu jusqu'à présent à m'échapper, et à déjouer tous mes efforts…

HERBILLON.

Et cet homme…

TÊTE-NOIRE.

Que vous a-t-il donc fait ?

MARCOL.

Il a tué mon père…

HERBILLON et TÊTE-NOIRE, avec un accent différent.

Ah !…

MARCOL.

Oui… mon père… un modèle d'honneur, de probité, messieurs… C'était un pauvre garçon de recette… mort glorieusement en défendant l'argent des autres !

TÊTE-NOIRE, à part.

Ah !… c'est son fils !

HERBILLON.

En effet, il y a quelques années… Je me souviens de cet horrible événement…

MARCOL.

Pauvre père… je ne pus même l'embrasser une dernière fois… j'étais en Afrique… sergent… aux zouaves… je revins le jour de l'enterrement de ma mère !… Le chagrin l'avait tuée !… — Et on ne pouvait s'emparer de ce misérable… mais il me le fallait à tout prix… mon sang en échange !…— Au cimetière… sur les deux tombes… je jurai sa perte… et je dévouai ma vie à cette sainte vengeance… J'assistai, je conseillai ceux qui recherchaient l'assassin… — Depuis, j'ai risqué cent fois mon existence sur ce sombre champ de bataille… où les adversaires sont le vol, la lâcheté, la trahison… et parmi tous ces criminels, que je livrais à la justice… il n'y était pas, lui… le meurtrier de mon père ? — Oh ! Dieu me le doit… c'est le dernier mot de ma vie, c'est l'achèvement de mon œuvre… J'emploierai tout, nuits, jours, veilles, fatigues… et je ne me reposerai, infâme, qu'après t'avoir conduit jusqu'au pied de l'échafaud.

TÊTE-NOIRE.

Et cet homme… vous le connaissez ?…

MARCOL.

Non… je ne l'ai jamais vu… je ne sais que son nom… nom hideux… horrible… sinistre… un de ces sobriquets donnés par le crime…

TÊTE-NOIRE.

Lequel ?…

MARCOL.

Tête-Noire…

TÊTE-NOIRE.

Ah !

MARCOL.

Ce que je sais encore, c'est que sur le haut de son crâne dénudé, est une sanglante balafre.

HERBILLON.

Eh... voici presque un signalement.

TÊTE-NOIRE.

C'est juste.

HERBILLON.

Il est vrai que ces coquins-là se déguisent.

TÊTE-NOIRE.

Très fréquemment !

MARCOL.

Oh ! ma haine est patiente... et je poursuis ma tâche... Qu'il change de nom et de visage... quelque chose me le dit : j'aurai mon jour...

TÊTE-NOIRE, à part.

Peut-être !...

SCÈNE VII

LES MÊMES, LÉONARD *.

LÉONARD, entrant par le fond, et donnant à Herbillon un paquet de billets de banques.

Voici, monsieur, les dix mille francs du mandat...

TÊTE-NOIRE, à part, en le reconnaissant.

Léonard !

HERBILLON.

Bien ! Mettez-les dans le portefeuille... Voici la clef de la caisse.

LÉONARD, entrant dans la cage.

Oui, monsieur...

TÊTE-NOIRE, à part.

Lui... lui... ici.

MARCOL, à part, regardant Léonard.

Mais, oui... je le connais !

HERBILLON.

Qu'examinez-vous donc ?

MARCOL.

Rien.

TÊTE-NOIRE, à part.

Hein ?... serait-ce moi ?... * (Haut.) Messieurs, enchanté d'avoir fait votre connaissance.

HERBILLON.

Comment donc... monsieur...

TÊTE-NOIRE.

Couronnot... Stanislas... ex-armateur... hôtel Meurice...

MARCOL.

Je ne l'oublierai pas.

TÊTE-NOIRE, à part en sortant.

Ce soir, je déménage. Je file à Bade... Baden.

SCÈNE VIII

MARCOL, HERBILLON, puis LÉONARD.

MARCOL.

Il est nécessaire, monsieur, de dresser un procès-verbal de toute cette affaire...

HERBILLON.

Si vous voulez passer dans mon cabinet...

LÉONARD, sortant de la cage.

Voici la clef, monsieur.

MARCOL, à part, reconnaissant Léonard.

Ah !... je sais qui...

LÉONARD, à part, reconnaissant Marcol.

Ah !... celui qui m'a arrêté.

MARCOL, à part.

Oui... lui... il y a trois ans...

* Herbillon, Léonard, Marcol, Tête-noire.

HERBILLON, surpris, à Marcol.

Comme vous regardez Léonard, monsieur.

MARCOL, à part, après un temps, prenant le milieu.

Il a payé sa dette...

HERBILLON.

Le connaîtriez-vous ?...

LÉONARD, à part.

Mon Dieu !

MARCOL.

Non... je ne le connais pas... (Herbillon sort par la porte de droite, en précédant Marcol.)

SCÈNE IX

LÉONARD, puis TÊTE-NOIRE.

LÉONARD, joignant les mains du côté où est sorti Marcol.

Ah ! merci... merci ! car il m'a reconnu, je l'ai bien lu dans ses yeux... Une seconde fois, je suis absous par son silence. Ah ! maintenant, je n'ai plus rien à craindre de personne !

TÊTE-NOIRE, paraissant à la porte du fond et à part.

Il est seul... je m'en doutais... (Haut et s'avançant). Comment vas-tu ?

LÉONARD, interdit.

Mais, monsieur... vous vous trompez...

TÊTE-NOIRE.

Regarde-moi donc...

LÉONARD.

Mais, non... je...

TÊTE-NOIRE.

Tu oublies les vieux camarades...

LÉONARD, stupéfait.

Le Sanglier !...

TÊTE-NOIRE.

Moi-même... (Se carrant.) On a du linge, hein ?

LÉONARD.

Lui !... lui, ici !

TÊTE-NOIRE.

Tu y es bien... toi !... et, en jolie passe, même... à ce qu'il paraît ; garçon de caisse chez un fort commerçant... Ah ça ! dis donc, sommes-nous toujours associés !...

LÉONARD.

Je ne vous comprends pas... Assez... je ne veux plus vous connaître... je ne vous connais pas...

TÊTE-NOIRE.

Je te vois venir... tu veux tout pour toi seul !

LÉONARD.

Misérable !

TÊTE-NOIRE, blessé.

Léonard... vous êtes vif !... Ah ça !... est-ce que, là, vraiment, tu te serais introduit dans la peau d'un honnête homme ?...

LÉONARD.

Oui... je suis honnête .. oui... cela t'étonne ?...

TÊTE-NOIRE, soupirant.

Non... J'en ai tant vu !

LÉONARD.

Va-t'en... va t'en donc... et ne reparais jamais devant moi, ou je te dénonce, je te livre...

TÊTE-NOIRE, haussant les épaules.

Toi !...

LÉONARD, menaçant.

Sors donc...

TÊTE-NOIRE.

Tout à l'heure... mon Dieu... qu'est-ce qui nous presse !... (S'approchant petit à petit de la caisse.) Et dire... pourtant... que là... là... est notre fortune... à tous deux !

LÉONARD, s'élançant entre la caisse et Tête-Noire.

Infâme ! n'approche pas !

SCÈNE X

Les mêmes, LA MÈRE MOREL, BENOIT. *

LA MÈRE MOREL, entrant par le fond, et, en grande toilette.

Ah !... me v'là sur mon *cinquante-sept !...*

BENOIT, idem.

Et, moi donc, j'ai un faux col, et des bottes !

TÊTE-NOIRE, rentrant dans son personnage et à Léonard.

Mille remerciements, monsieur, des excellents renseigne-
ments... que vous venez d'avoir l'obligence de me donner...
Madame... jeune homme... Stanislas Courronot, ex-armateur
présentement hôtel Meurice. — (A part.) Ah !... tu veux rester
honnête .. toi... tu vas avoir de mes nouvelles ; à revoir,
(Il sort.)

BENOIT, regardant sortir Tête-Noire.

A-t-il une *binette* celui-là... quelle pomme de canne !...

LA MÈRE MOREL.

Eh bien, ous qu'est donc mamzelle Madeleine ?...

LÉONARD.

Là... par là... chez madame Herbillon... je crois... qui a voulu... qui a eu la bonté...

LA MÈRE MOREL.

Ah! Dieu !... mais vous avez la figure à l'envers !

BENOIT, le regardant.

Même de travers !

LÉONARD.

C'est le bonheur... c'est la joie... c'est... vous avez raison...
tenez, je ne sais plus ce que je dis, ni ce que je fais.. allez
trouver Madeleine... mais allez donc... dites-lui... Ah ! je vous
en supplie... Tenez... ne me parlez pas...

LA MÈRE MOREL.

Oh ! ces amoureux... tous les mêmes !...

BENOIT.

S'révolutionner comme ça... pour des femmes... (Avec supériorité.) Oh ! là là...

LA MÈRE MOREL.

Qu'est-ce que tu dis, morveux...

BENOIT, avec supériorité.

Rien... vous ne pourriez pas me comprendre..

LA MÈRE MOREL.

Allons, viens vite trouver mamzelle Madeleine, monsieur le
garçon d'honneur...

BENOIT, entraînant la mère Morel qui se débat, et disparaît à gauche
avec lui.

Ça y est... la mère... Une, deux... là... le pas des Lanciers !...

LA MÈRE MOREL.

Mais ous qu'il a donc appris tout ça, ce polisson là !...

SCÈNE XI

LÉONARD.

Cet homme... le démon de ma vie... je l'ai revu là,.. tout à
l'heure... Oh! qu'il revienne... et je le livre... je le perds... On
connaîtra mon passé... soit !... mais on jugera par-là... de mon
présent... et on ne pourra pas douter de mon avenir !..—L'heure
s'avance... et Madeleine... On va m'attendre... courons vite...
Ma femme... elle va être ma femme !... O journée heureuse...
journée bénie !... (Il se dirige vers la porte du fond.)

* Benoît, la mère Morel, Tête-Noire, Léonard.

SCÈNE XII

LÉONARD, HERBILLON.

HERBILLON, arrivant par la droite.

Léonard...

LÉONARD, se retournant.

Monsieur...

HERBILLON.

Où allez-vous ?...

LÉONARD.

Mais... m'habiller... pour la cérémonie...

HERBILLON.

Restez...

LÉONARD, le regardant avec étonnement.

Comment...

HERBILLON.

Léonard... vous m'avez trompé...

LÉONARD.

Monsieur...

HERBILLON.

Je sais tout...

LÉONARD.

Mon Dieu !

HERBILLON.

Voici une lettre que je viens de recevoir... (Il lui présente un
billet). Pourtant je doutais encore... Alors, j'ai pressé de questions la personne qui était avec moi tout à l'heure, et dont les
singuliers regards sur vous... m'avaient frappé...

LÉONARD.

Marcol...

HERBILLON.

Vous le connaissez ?...

LÉONARD.

Oui, monsieur.

HERBILLON.

Malheureux !...

LÉONARD.

Oh! oui, monsieur... bien malheureux !... J'ai commis une
faute... une grande !... J'ai été condamné, et c'était juste ; j'ai
subi ma peine, pendant trois années... non, on m'a fait grâce de
trois mois, en considération de ma bonne conduite... J'ai été
criminel, c'est vrai... mais maintenant, depuis que j'ai l'honneur
et le bonheur d'être à votre service, monsieur, voyons, avez-
vous un reproche à me faire ?...

HERBILLON.

Un seul... votre mensonge...

LÉONARD, éclatant en sanglots.

Eh! si je vous avais dit la vérité, est-ce que vous auriez
voulu de moi ?...

HERBILLON.

Qui me répond d'ailleurs que votre repentir est sincère ?...
Qui me dit que vous n'attendiez pas...

LÉONARD.

L'occasion de payer vos bienfaits par un crime... Oh! monsieur... ce n'est pas votre cœur qui vient de parler...

HERBILLON.

Pardon... j'ai eu tort... oubliez ce que je viens de vous
dire...

LÉONARD.

Ah !... monsieur !... est-ce que ça s'oublie... ces choses-
là ?...

HERBILLON.

Léonard, croyez bien que je regrette de vous avoir blessé...
Oui, je crois à votre repentir, à vos bonnes résolutions...
mais pourtant vous devez comprendre que, sachant votre
passé... il m'est impossible de vous garder chez moi...

LÉONARD.

Mais non, monsieur... mais non, je ne comprends pas...
Vous êtes bon... généreux... charitable... vous êtes sûr de
ma probité, dites-vous !...

HERBILLON.

Mais, mon pauvre garçon... ce que je sais... d'autres peuvent le savoir... et puis-je... dois-je... en bonne conscience...
pour vous seul... compromettre la considération, la bonne re-
nommée de ma maison ?... — Je ferai tout au monde pour
adoucir la rigueur forcée de ma détermination...

LÉONARD.

De l'argent !... je n'en veux pas... je ne veux rien...
que ce que j'ai gagné !

HERBILLON.

Léonard !...

LÉONARD, lui remettant son portefeuille de garçon de caisse.

Tenez, monsieur, reprenez ce portefeuille que vous m'aviez
confié... c'est l'insigne de l'honnêteté, disiez-vous... le voilà...
J'étais pourtant digne de le porter...

SCÈNE XIII

LES MÊMÉS, LA CIGALE, en mariée, LA MÈRE MOREL,
BENOIT, GARÇONS DE CAISSE, EMPLOYÉS, invités à la noce *.

LA MÈRE MOREL.

Comment... il n'est pas encore habillé, c' paresseux-là !...

BENOIT, à part.

Monsieur le maire va droguer...

LA CIGALE.

Léonard, qu'as-tu donc ?

LÉONARD, bas à la Cigale.

Courage... courage...

LA CIGALE.

Comment !...!

LÉONARD, à tout le monde.

Mes amis... pardonnez-moi.

BENOIT.

De quoi ?

LÉONARD.

Mais... notre mariage ne peut avoir lieu... aujourd'hui.

TOUS.

Ah !

LA CIGALE.

Léonard... mon ami... que dis-tu !...

BENOIT.

En v'là une forte !

LÉONARD.

Et... dès à présent... je vous annonce aussi... que je
quitte le service... de M. Herbillon...

TOUS.

Ah !

LA CIGALE.

Mon Dieu !...

HERBILLON.

Oui... par une circonstance indépendante de notre volonté
à tous deux, Léonard est obligé de s'éloigner de ma maison...
mais devant vous tous, je me fais un devoir de déclarer que je
regrette ses services, et je rends hommage au zèle et à la probité qu'il a montrés depuis le jour où il est entré dans mes bureaux !

LÉONARD, bas à Herbillon.

Merci, monsieur... merci !

LA CIGALE, bas à Léonard.

Mais, que s'est-il donc passé ?...

LÉONARD, de même.

Il sait tout....

* Benoît, la mère Morel, la Cigale, Léonard, Herbillon, au fond les invités.

LA CIGALE.

Ah !

LÉONARD.

Viens... viens, la Cigale.

LA CIGALE.

Où donc ?

LÉONARD.

Est-ce que je sais, maintenant ?...

FIN DE LA QUATRIÈME PARTIE.

CINQUIÈME PARTIE.

Les Égoutiers

Une rue de Paris. — 'A droite un marchand de vins. — A gauche une maison,
au premier étage, un bureau de remplacement militaire. — Au milieu un
regard d'égout ouvert, d'où sort un bout d'échelle. — A côté de l'égout, la
plaque en fonte. — Des passants vont et viennent çà et là.

SCÈNE PREMIÈRE

SAINT-PHAR, en costume d'égoutier, près de l'échelle.

VOIX DE LARIDON, dans l'égout.

Ah ! hé, Saint-Phar, ah ! hé.

SAINT-PHAR, criant dans l'égout.

Voilà... on y est... quoi ?...

VOIX DE LARIDON.

Quelle heure qu'il est ?

SAINT-PHAR, faisant le geste de tirer sa montre.

Attendez... je vais vous dire ça... (Soupirant.) Le gousset
existe... mais la montre est aux eaux (En allant regarder à la
boutique du marchand de vins.) Je ne peux jamais m'habituer...
(Retournant crier dans l'égout.) Deux heures, moins le quart...
chez le marchand de vins... (Avec douleur.) Le joli métier, pour
le dernier des Saint-Phar... Voilà où m'ont amené les femmes ! Dire que j'ai déjeuné chez Philippe... dîné chez Véry...
et soupé chez Bignon !... Je faisais courir à La Marche... et
ma livrée était orange ! Vanitas. . vanitatum... comme nous
disions à Louis-le-Grand !... J'ai rencontré l'autre jour deux
de mes anciennes... l'une s'est mise à rire... l'autre à pleurer... laquelle avait raison ?... aucune... Bast... chacun
son tour... ce sont les prodigues qui font vivre les autres !...
Ah ! voilà la femme du nouveau qui lui apporte sa pitance.

SCÈNE II

LA CIGALE, SAINT-PHAR.

SAINT-PHAR.

Vous êtes en avance, la petite mère... il n'est pas encore
deux heures.

LA CIGALE, *portant une petite terrine.*

Oh ! elles vont sonner à l'église voisine.

SAINT-PHAR.

C'est incroyable ; maintenant que je travaille, le temps passe beaucoup plus vite que quand je ne faisais rien.

LA CIGALE.

Et pourtant, c'est un dur métier que le vôtre !

SAINT-PHAR.

Oui... mais il ne manque pas d'originalité !

LA CIGALE, *soupirant.*

Et on est quelquefois heureux de trouver celui-là...

SAINT-PHAR.

Pardieu ! moi tout le premier... j'ai hésité longtemps entre celui de... chiffonnier... vu le côté indépendant... et je ne dis pas... que je ne n'y reviendrai pas... la couleur nocturne... travailler, au clair de la lune... enfin... la question romanesque !

LA CIGALE.

Où est donc Léonard.

SAINT-PHAR, *montrant le trou.*

Là-dedans...

VOIX DE LARIDON, *en dessous.*

Ah! hé !.. Saint-Phar... ah hé !... à toi la traînée.

SAINT-PHAR, *criant.*

Oui, chef... on y va... (*A la Cigale.*) Voici Léonard qui remonte...à moi de descendre... l'échelle de la vie !

SCÈNE III

LES MÊMES, LÉONARD, *arrivant par l'échelle* *.

LA CIGALE.

Léonard...

LÉONARD.

Madeleine...

SAINT-PHAR.

Eh bien, mon cher confrère, quoi de nouveau dans ce bas-monde ?...

LÉONARD.

Rien.

SAINT-PHAR.

Cela avance-t-il, la besogne ?

LÉONARD.

Oui.

SAINT-PHAR.

Vous êtes triste, l'ami... vous avez tort... Pour être heureux, voyez-vous, il ne faut jamais regarder au-dessus de soi... mais en dessous... et il me semble qu'avec nous... vous y avez la main...

VOIX DE LARIDON.

Ah ! hé! Saint-Phar...

SAINT-PHAR, *descendant par l'échelle et disparaissant.*

Voilà... voilà, chef...Autant que ma mémoire peut me servir.. il me semble que *Dulaure,* dans son Histoire du vieux Paris... ne fait aucune mention de cette voie souterraine.

SCÈNE IV

LA CIGALE, LÉONARD.

LA CIGALE, *à Léonard qui s'est posté près de l'échelle, comme précédemment Saint-Phar.*

Léonard... voici ta soupe.

LÉONARD.

Merci..

* La Cigale, Léonard, Saint-Phar.

LA CIGALE.

Tu ne manges pas ?...

LÉONARD.

Non... je n'ai pas faim.

LA CIGALE.

Léonard... mon ami... Ah ! tiens, vois-tu... tu me désespères...

LÉONARD.

Pourquoi ?

LA CIGALE.

Tu n'as plus de courage...

LÉONARD.

Pour te voir souffrir... c'est vrai...

LA CIGALE.

Est-ce que je me plains ?

LÉONARD.

Ne t'en ai-je pas moins apporté le malheur et la honte... depuis que tu as voulu que mon indigne sort fût associé au tien ? Si jamais l'ouvrage te manque dans le magasin qui a bien voulu te donner du travail, que feras-tu, malheureuse fille ?... tu décrocheras ta guitare, pour courir la nuit... les carrefours !

LA CIGALE.

Pourquoi donc pas ? le beau malheur !... Je sais de nouvelles chansons, et il reste deux cordes à ma guitare. Allons, Léonard... courage... espoir... patience... je vois d'ici les bons jours... ils vont nous revenir...

LÉONARD.

Les bons jours !... Il n'y en a plus pour moi... N'ai-je pas frappé à toutes les portes... Ah ! l'infernal secret... comment le découvrait-on... Qui donc s'acharne après moi ?... Voilà les résultats d'une première faute... personne n'a plus confiance... et il y a une chose horrible... sais-tu... c'est qu'intérieurement... malgré moi... je me dis: Ils ont tous raison. A leur place, j'agirais peut-être ainsi... — Mais toi, si dévouée, si pure! Tiens.., abandonne-moi...

LA CIGALE.

Jamais. Est-ce que nous ne sommes pas liés pour toujours ? Où tu iras, j'irai Léonard. Si tu mourais... il me semble qu'à l'instant même, ma vie s'en irait toute seule !

LÉONARD.

Suis-moi donc, la Cigale, et meurtris-toi aussi aux pierres du chemin !

LA CIGALE, *en s'éloignant à droite.*

Dieu est grand, Léonard ! A tout à l'heure ; je cours au magasin chercher de l'ouvrage, et je te reverrai encore en passant.

SCÈNE V

LÉONARD, *puis* SAINT-PHAR, LARIDON, ÉGOUTTIERS, FEMMES DES ÉGOUTTIERS.

LÉONARD.

Elle a raison. Aidons-nous, pour que le Seigneur nous aide ! (*On entend sonner deux heures à l'église voisine.*) Deux heures !.. le moment du repos... Les voilà... ils remontent. (*Il tient avec force le bout de l'échelle.*)

SAINT-PHAR, *montant à l'échelle et fredonnant.*

Nonnes, qui reposez sous cette voûte sombre...

LARIDON, *qui se trouve derrière Saint-Phar.*

Allons... monte donc... toi... l'amateur... Il me chante sur la figure... celui-là...

SAINT-PHAR, *quittant l'échelle.*

Oui, chef... oui, monsieur Laridon.

LARIDON.

Arrivez donc, vous autres...

LES ÉGOUTTIERS, *remontant.*

Voilà... voilà...

SAINT-PHAR.

Bien... bon, j'ai perdu mon binocle! (On voit passer madame Saint-Phar.) Ah je ne me trompe pas, c'est bien Zéphyrine, qui m'a aidé à croquer les restes de mon cousin. (Zéphyrine le regarde et éclate de rire à plusieurs reprises. Les femmes apportent le dîner aux Égouttiers qui se disposent à manger.)

LARIDON.

En v'là une de soif... que j'ai...

UN ÉGOUTTIER.

T'as une éponge dans le gosier, toi !...

LARIDON.

J'ai été marchand de vin.

L'ÉGOUTTIER.

Et t'as siroté ton fonds.

SAINT-PHAR.

Les passions... toujours !...

L'ÉGOUTTIER.

Moi... si j'avais pas eu des malheurs... dans le commerce !...

SAINT-PHAR.

Dans quelle partie... faisiez-vous... sans trop d'indiscrétion ?

L'ÉGOUTTIER.

Je vendais de la mort-aux-rats.

SAINT-PHAR, à part, en pirouettant sur ses grosses bottes.

Société charmante !

SCÈNE VI

LES MÊMES, TÊTE-NOIRE.

TÊTE-NOIRE, vêtu en marchand de coco.

A la fraîche ! qui veut boire ? Le vrai nectar... le trésor des poitrines fatiguées...

L'ÉGOUTTIER, à Laridon.

Tiens, v'là ton affaire.

LARIDON.

Je digère pas la réglisse...

L'ÉGOUTTIER.

T'aime mieux la campêche ?...

TÊTE-NOIRE, à part.

Où donc est-il ?... Larigole m'a pourtant assuré... qu'à présent, il était embrigadé parmi ces gens-là !

L'ÉGOUTTIER, à Tête-Noire.

Ah hé ! Tortoni... par ici...

PLUSIEURS ÉGOUTTIERS.

Ah hé ! l'homme...

TÊTE-NOIRE, s'approchant.

Voilà... voilà...

LARIDON, frappant sur l'épaule de Léonard.

A quoi que tu songes... toi... hé... Léonard !...

TÊTE-NOIRE, à part, voyant Léonard.

Ah !... lui... là-bas...

LARIDON.

Ote donc l'échelle...

LÉONARD.

Oui. (Il enlève l'échelle du puisard, et la place à l'orifice du trou.)

LES ÉGOUTTIERS, à Tête-Noire.

A moi !... un verre... et plein...

TÊTE-NOIRE.

Ne vous poussez donc pas, y en aura pour tout le monde...

LARIDON.

La Seine est à côté... n'y a qu'à se baisser...

SAINT-PHAR, tenant un verre de coco.

O Bordeaux, Larose... vieux - Moët... Lacryma-Christi, qu'êtes-vous devenus ?

SCÈNE VII

LES MÊMES, MARCOL, en marchand des quatre saisons, poussant devant lui sa voiture.

MARCOL, d'une voix enrouée.

Des choux, des navets, des carottes... la crème de la légume !

LARIDON.

Oh! du radis noir... mon faible...

TOUS LES ÉGOUTTIERS, allant entourer la petite voiture de Marcol.

Du radis noir !

MARCOL.

L'ami de l'homme !

LARIDON.

Combien les gros ?...

MARCOL.

C'est pas vendu, les enfants... c'est donné... six liards !... Et ils piquent... un vrai poivre !

LARIDON, choisissant, ainsi que les autres égouttiers.

Si... ils piquent ! j' m'y frotte.

MARCOL, à part, en examinant attentivement les égouttiers.

Ces hommes sont tous des ouvriers... pas de figure suspecte !...

TÊTE-NOIRE, à part.

Larigole tarde bien !

MARCOL.

Un radis noir, marchand de coco...

TÊTE-NOIRE.

Un verre de tisane, marchand de légumes...

MARCOL.

J'ai pas soif...

TÊTE-NOIRE.

J'ai pas faim.

MARCOL, à part.

Oh !... voilà un profil !...

TÊTE-NOIRE, à part.

Voilà des yeux !

MARCOL, à part.

Où ai-je vu ça ?

TÊTE-NOIRE, à part.

Qui donc m'a déjà regardé ainsi !

MARCOL, à part.

Nous nous reverrons... toi !

TÊTE-NOIRE, à part.

Non... non... ce n'est pas lui... partout je crois le voir.

MARCOL, reprenant sa voiture, et s'éloignant en criant.

Des choux !... des panais !... des carottes !... radis noirs... ils piquent... là... les gros... ils piquent !...

SCÈNE VIII

TÊTE-NOIRE, LÉONARD, SAINT-PHAR, LARIDON, ÉGOUTTIERS, puis LARIGOLE.

(Les égouttiers boivent et mangent en allant et venant, Léonard, accroupi près du puisard, semble réfléchir profondément, la tête entre ses mains.)

SAINT-PHAR, qui croque un radis noir.

Eh bien ?... la chair en est délicate... on finit par s'y faire... (Soupirant.) C'est égal... je regrette les Frères Provençaux.

LARIDON.

De quoi, des regrets, de quoi, passe donc le rabot là-dessus, fais comme moi... quand j'ai du noir, j'roucoule... et des romances faites par Nini... J'ai été du Caveau avec le père Désaugiers et Émile *Dubroc*. Veux-tu connaître ma dernière... tieus, la voici... la *Romance des Égouttiers*.

TOUS.

Entonne, Laridon !... entonne !...

LARIDON, chantant.

REFRAIN.

Zingue, zingue, zingue,
Les égouttiers sont d'bons enfants ;
Zingue, zingue, zingue,
Personn' qu'eux n'peut les mettr'dedans ;
Et l'on s'y piqu' quand on s'y frotte,
A not'régiment d' la grosse botte ! (*bis*).
Crac, cric, crac !

PREMIER COUPLET.

Dans notre ville souterraine
Nous nous infiltrons tour à tour.
De temps en temps, pour prendre haleine,
Nous montrons le nez au grand jour,
En disant dans notre amour-propre :
On nous regarde avec dégoût ;
Mais si l' monde était moins malpropre,
On n'aurait pas besoin d'égout.

Zingue, zingue, zingue, etc.

DEUXIÈME COUPLET.

Le chiffonnier, cet homme juste,
Est un peu superficiel ;
Des tas de choses qu'il déguste,
Il ne récolte que le miel.
L'égouttier remonte à la cause
Il ne consulte pas son goût.
Et quoique préférant la rose,
Sans broncher il ramasse tout.

Zingue, zingue, zingue.

TROISIÈME COUPLET.

Par les milliers d'orifices
Où se dégorge la cité,
Nous recueillons les immondices
De cette pauvre humanité.
Sans nous poser comme des anges,
Habitants du d'ssus, entre nous,
Quand nous voyons toutes vos fanges,
Nous préférons vivre dessous.

Zingue, zingue, zingue.

QUATRIÈME COUPLET.

A la b'sogn' quand l'heur' nous appelle,
Faut toujours se t'nir en éveil.
Queque fois, en r'descendant l'échelle,
Nous voyons notr' dernier soleil ;
Sous terre, dans la vase impure,
Soldats civils (c'est un détail),
Nous trouvons une mort obscure,
Sur le champ d'honneur du travail.
Zingue, zingue, zingue.

(Les Égouttiers répètent le refrain après chaque couplet.)

LARIGOLE, qui est entré, et à Tête-Noire.

Un verre, l'ami !

TÊTE-NOIRE, le servant.

Voilà, mon bourgeois !... (Bas à Larigole, pendant que celui-ci
boit.) Tu avais raison... il est embrigadé... parmi eux... il est
là-bas... accroupi près du puisard... agis.

LARIGOLE, bas.

Pas peur !... (Haut.) Il est délicieux votre coco !... que diable
mettez-vous dedans ?

TÊTE-NOIRE, recevant l'argent de Larigole.

Oh ! mon Dieu !... toutes sortes de choses...

LARIGOLE, marchant vivement du côté où est Léonard, et se heurtant
volontairement à l'échelle.

Oh !

LARIDON.

Gare aux pincettes !...

SAINT-PHAR, à Larigole.

Pardon, monsieur, Y aurait-il contusion dans les régions de
l'orteil ?

LARIGOLE.

Qu'est-ce qui vous parle, à vous, l'Enflé ? (A Léonard.) Pourquoi ne prévenez-vous pas qu'il y a la une échelle, vous ?...

LARIDON.

On regarde devant soi !

LÉONARD, sortant de sa rêverie.

Moi, monsieur...

LARIGOLE.

Oui... vous... Tiens !... attendez donc... mais, je vous reconnais...

LÉONARD, le regardant.

Vous vous trompez... je ne vous connais pas...

LARIGOLE.

Laissez donc... parbleu ! c'est bien vous... je vous ai vu là-
bas... à Melun...

LÉONARD, terrifié.

Monsieur...

TOUS.

A Melun...

LARIGOLE.

Il faisait des chaussons de lisière ! Vous êtes donc déjà sorti...

LARIDON.

Hein ?... il a été...

TOUS.

Ah !

SAINT-PHAR, à part.

Jolie société... jolie société.

LÉONARD, hors de lui.

Lâche...

LARIGOLE.

Faut pas vous fâcher pour ça...

LÉONARD.

Je vous ai fait quelque chose... cela n'est pas possible... et
vous avez voulu vous venger, et pourtant... je ne vous connais
pas... moi !

LARIGOLE.

Allons donc... allons donc... (Il s'éloigne, en échangeant un regard avec Tête-Noire.)

SCÈNE IX

LÉONARD, TÊTE-NOIRE, LARIDON, SAINT-PHAR,
ÉGOUTTIERS.

LARIDON, à Léonard.

Voyons... c'est-il vrai... hein... dis ?...

LÉONARD.

Oui... oui...

LES ÉGOUTTIERS. Se reculant de Léonard.

Ah !

SAINT-PHAR.

Voyons... voyons... un peu de charité... il ne faut pas être
aussi regardant que ça. Que diable !...

LES ÉGOUTTIERS. Idem.

Si !... si !...

SAINT-PHAR.

Ah ! ça, mais, ce sont donc tous des rosières... que ces gail-
lards-là...

LARIDON.

Mes enfants, venez avec moi... chez le marchand de litharge,
nous causerons de tous cela... et nous aviserons... à aviser...
un coup de picton, c'est moi qui régale.

SAINT-PHAR.

Mais, c'est affreux, ce que vous faite-slà... de repousser ce
pauvre garçon... Je vous croyais un peu de philosoprie, messieurs, et vous en manquez complétement..

LARIDON.

Ah ! ça mais, en voilà assez, dis donc le gant jaune... mets ta
muselière, ou sans çà on te réduit, allons, venez, vous autres.

SAINT-PHAR.

La jolie société, mon Dieu... la jolie société...

(Les Égouttiers rentrent chez le marchand de vin, suivis par Saint-
Phar, qui essaie en vain de les calmer.)

SCÈNE X

TÊTE-NOIRE, LÉONARD.

TÊTE-NOIRE, qui a écouté sardoniquement, dans un coin, tout ce qui précède, s'approchant de Léonard.

Veux-tu un verre?...

LÉONARD, sortant de son accablement.

Toi... encore toi!...

TÊTE-NOIRE.

Tu vois... je rafraîchis mes contemporains... Pour boire du vin, n'y a qu'un moyen... c'est de vendre de l'eau... Que vas-tu faire à présent?...

LÉONARD.

Le sais-je?..!

TÊTE-NOIRE, se débarrassant de sa fontaine, qu'il place contre une borne. Léonard...

LÉONARD.

Laisse-moi...

TÊTE-NOIRE.

Ils t'ont chassé... ou à peu près,... tes camarades de puisard!

LÉONARD.

Je ne leur en veux pas.

TÊTE-NOIRE.

Tu as raison... ce sont des brutes... mais cet Herbillon... ton ancien patron!... il t'a chassé aussi...

LÉONARD.

C'était son droit...

TÊTE-NOIRE.

Et tu ne te vengerais pas de cet homme!...

LÉONARD.

Me venger sur lui, de ce que j'ai été coupable!...

TÊTE-NOIRE.

Allons, voyons, sois raisonnable,... il me semble, qu'il est temps... et écoute-moi... Un banquier... cela... a une caisse... à ce qu'on dit... tu as été jadis employé chez lui... tu connais les êtres,..

LÉONARD.

Ah! c'est pour cela que tu m'a cherché... que du d'adresses à moi...

TÊTE-NOIRE, regardant autour de lui.

Ici, l'endroit est malsain, pour causer affaires... viens me trouver ce soir, barrière Charonne, à l'estaminet du *Gaz sans suif*... nous serons là comme chez nous.

LÉONARD.

Jamais... jamais... je n'irai pas...

TÊTE-NOIRE.

Alors, nous nous passerons de toi...

LÉONARD.

Vous oseriez...

TÊTE-NOIRE.

Voyons... décide-toi...

LÉONARD.

Non! plutôt tout subir... tout endurer, que de suivre tes abominables conseils... je ferai... je ferai... n'importe quoi...

TÊTE-NOIRE.

N'importe quoi... puisqu'on ne veut plus de toi, même dans le régiment des *grosses bottes*!...

LÉONARD, à part et désespéré.

C'est vrai... mon Dieu!... (Poussant un cri de joie, après avoir jeté les yeux sur un tableau accroché à la muraille.) Ah!... Remplacement militaire! (Il passe devant Tête-Noire.)

TÊTE-NOIRE.

Qu'est-ce qu'il te prend!

LÉONARD, à part.

Mais Madeleine... Madeleine... ne plus la voir... elle!... Mais loin de moi, elle retrouvera le travail facile... l'estime et le respect de tous... Périsse donc mon bonheur, plutôt que le sien...

TÊTE-NOIRE.

Tu dis?...

LÉONARD.

Que je t'échappe, misérable... oui, c'est Dieu qui m'inspire cette idée... Loin de ton odieuse présence je sentirai mon honneur... grandir et se fortifier, à l'ombre du drapeau de la patrie...

TÊTE-NOIRE.

Quoi... tu veux...

LÉONARD, entrant dans la maison de gauche.

Ne me parle pas... ne me parle plus... je suis soldat!

SCÈNE XI

TÊTE-NOIRE, puis MARCOL.

TÊTE-NOIRE, criant à Léonard.

Souviens-toi, pourtant, barrière Charonne! (A lui-même.) Larigole a bien agi... comme toujours!... Mais viendra-t-il, ce soir?... lui... Léonard... Nous verrons bien... le jour baisse, rentrons mon établissement.

MARCOL, en entrant et d'une voix enrouée.

Eh! petit père... un verre de limonade...

TÊTE-NOIRE, le regardant avec défiance.

Tiens, c'est vous... l'marchand des quatre saisons... Ous qu'est donc votre voiture?

MARCOL.

Je l'ai remisée rue Saint--Placide... c'est là qu'elle loge en garni...

TÊTE-NOIRE.

Ah!... (En remplissant un verre qu'il donne à Marcol.) Vous avez donc tout vendu vos poireaux?

MARCOL.

Oui... en gros... à un petit traiteur... de la rue de Vaugirard... j'aime changer de marchandise... moi... Et vous, ça va-t-il, l'bouillon d'grenouilles?...

TÊTE-NOIRE.

Il y a des bons jours, y en a de mauvais... ça dépend des coups d'soleil... et puis... y a des imbéciles... qu'aiment mieux l'vin...

MARCOL.

Les ivrognes!... Combien?

TÊTE-NOIRE, refusant l'argent de Marcol.

Laissez donc... entre négociants... vous me donnerez un radis noir... Y a-t-il longtemps, hein, que vous faites ce métier-là?...

MARCOL.

Trois ans... aux pommes reinettes... Je suis né natif de Pantin, jardinier d'mon état... Un beau jour, j'm'ai dit: Bêta, au lieu d'planter des choux... r'vends donc ceux des autres... ça fatigue moins, et ça rapporte plus gros... Et vous,.. la vieille, est-ce que vous êtes né... dans la réglisse?...

TÊTE-NOIRE.

Pus souvent!...

MARCOL.

Alors, vous avez roulé vot' bosse?...

TÊTE-NOIRE.

De droite... et de gauche...

MARCOL.

Comme l'grand cousin... à ma tante Denize... t'nez... vous savez ben... un gros rougeaud... une frimousse dans vot' genre...

TÊTE-NOIRE, à part.

Cet homme n'est qu'un niais... je le craignais à tort!

MARCOL.

En v'là un, qui s'est balladé... qui a été... jusqu'à Strasbourg... au moins!... Y avez-vous été... vous... à Strasbourg?

TÊTE-NOIRE.

Peut-être bien... sans le savoir.

MARCOL.

Moi, j'ai été plus loin que ça, par exemple,.

TÊTE-NOIRE.

Vraiment?...

MARCOL.

Ah! oui...

TÊTE-NOIRE.

Et, où donc ?

MARCOL.

D'vinez...

TÊTE-NOIRE.

Est-ce que je sais...

MARCOL.

Gageons une chopine... ça y est-il ?... hein... voyons, faut-il vous le dire, eh ! ben... c'est à... (le regardant en face.) Pondichéry !

TÊTE-NOIRE, tressaillant.

Pondichéry !...

MARCOL, s'élançant sur lui.

Ah ! je te tiens...

TÊTE-NOIRE.

Pas encore ?...

MARCOL, luttant.

Tu es le Sanglier !...

TÊTE-NOIRE, le poussant vers l'échelle, à terre,

Tu es le Lynx !

MARCOL.

Tu es pris.

TÊTE-NOIRE, le repoussant, et se jetant dans le trou laissé libre par l'échelle dérangée.

On ne me prend pas comme ça.

MARCOL.

Ah ! (Il remet le couvercle du trou avec la barre de fer qui est restée auprès, et sort en disant :) Je te retrouverai !

SCÈNE XII

LA CIGALE, puis LÉONARD.

LA CIGALE, revenant par la droite.

Au magasin, ils ont tout appris, et malgré cela... ils m'ont donné de l'ouvrage... Oh ! les braves gens !... les bonnes âmes !

LÉONARD, sortant de la maison de gauche.

Je n'ai plus le droit de servir mon pays !... (Avec agitation.) Et... c'est juste... il n'y a pas d'hommes flétris sous l'uniforme... Mais qu'il y ait donc un bataillon de nous autres, misérables... Qu'on nous lance les premiers... en plein feu... dans la fournaise, et, qu'avec notre sang, nous nous refassions un honneur !

LA CIGALE.

Léonard...

LÉONARD, avec agitation et sans la voir.

Et c'est à lui, à cet homme... que je dois la honte qui me poursuit aujourd'hui... qui me poursuivra toujours... lui qui m'a entraîné... perdu... Mais où est-il, où est-il donc ? je ne le vois plus.

LA CIGALE.

Qu'as-tu donc ?...

LÉONARD.

Ah ! je me souviens... ce qu'il m'a dit... Oh ! je le retrouverai... (Trois heures sonnent à l'horloge.)

LA CIGALE.

Où vas-tu ?

LÉONARD.

Laisse-moi... laisse-moi... je vais me venger...

LA CIGALE, courant après lui et disparaissant aussi.

Léonard... Léonard... mon ami... mon frère...

(Les égouttiers sortent du cabaret en chantant le refrain *zingue*, etc., et se préparent à redescendre dans l'égout. — Tableau.)

FIN DE LA CINQUIÈME PARTIE,

SIXIÈME PARTIE

Le Café borgne

Estaminet. — Lampes fumeuses. — Mauvais comptoir, tables, chaises, etc — Porte vitrée au fond. — Une porte latérale.

SCÈNE PREMIÈRE

MARCOL, LARIGOLE, BENOIT, SAINT-PHAR, LARIDON, BONNEAU, Buveurs.

BENOIT, une énorme pipe à la bouche et à une table, à gauche, jouant au piquet avec Larigole, criant à Bonneau.

Ah hé... père chose... un paquet de tabac ?

BONNEAU, sortant de la cave placée devant le comptoir, et en laissant retomber la trappe.

Voilà... voilà... jeune homme. (Déposant un panier de vin.) Un peu de patience...

BENOIT.

C'est incroyable... j'en fume maintenant... pour plus de cinq sous par jour... ça m'est nécessaire... j' pourrais pas m'en passer ! j' s'rais malade !

LARIGOLE.

Ah ! dam... quand on a des vieilles habitudes...

BENOIT, jouant.

Quinte à la dame...

LARIGOLE.

Trop jeune... mon petit... j'ai une seizième au roi.

BENOIT.

Crebleu !... en v'là un de vieux chançard... C'est pas possible... vous avez de la corde de pendu dans vot' poche... ou ben, alors... vous êtes marié...

LARIGOLE.

Ah ! ben oui... les femmes et moi... voyez-vous... nisco !

BENOIT, criant.

Garçon, un petit verre de fil en quatre, pour faire digérer c'tte tuile-là !

BONNEAU.

Jeune homme... sauf vot' permission, je me permettrai de vous faire observer... que vous en avez déjà... avalé trois !

BENOIT.

Eh ben, quoi... ça fera quatre... un compte rond ! Pas peur... on vous payera... (Faisant sonner sa poche.) On a du monarque !..

LARIGOLE.

Allons, voyons, père Bonneau, servez donc ce jeune dandy... donnez votre marchandise... et gardez vos observations... Que diable... vous troublez notre partie...

BONNEAU, à part.

Ah ! vieux singe... j'te vois venir... tu veux pousser c't'innocent à la boisson pour lui soutirer plus facilement ses quelques pièces de cent sous... Quelles canailles que mes pratiques... mon Dieu ! Ah ! si ce n'était pas pour la dot de ma fille...

LARIGOLE.

Seize et six vingt-deux, trois as vingt-cinq, et trois dix vingt-huit. (Jouant.) Vingt-neuf, et soixante... T'as perdu, mon fils... ça fait quatre francs que tu me dois.

BENOIT, vexé, se levant.

Ah ! nom de nom... de nom...

LARIGOLE.

Va toujours... ça soulage...

BENOIT, jetant de l'argent sur la table.

V'la votre argent... mais... ma revanche...

LARIGOLE.

Deux même !

BENOIT.

Quitte ou double...

LARIGOLE.

Ça y est... tu me vas, toi... t'es beau joueur...

BENOIT.

On n'est pas rat... quoi, v'là tout... (Il s'asseoit.)

LARIGOLE, qui a battu les cartes.

Allons, coupe, mon garçon, l'avantage au perdant... j' suis gentil... hein ?...

LARIDON, trinquant avec Saint-Phar, ils sont assis près d'une table, à gauche.

Ah ! eh !... Saint-Phar... à ta santé... A quoi que tu penses donc... toi ?...

SAINT-PHAR, soupirant et regardant le cabaret.

A mes folles années !... à mes petits soupers !... aux blondes et aux brunes qui m'appelaient Amédée, et qui me faisaient ma raie ! (D'un ton sombre.) Et à présent... quelle débâcle, Laridon !

LARIDON.

Dame !... chacun son tour... c'est à d'autres !

SAINT-PHAR.

Bast !... noyons tout cela dans le jus de Bacchus, et agitons un peu les grelots de la Folie... Vieux style ! (Trinquant avec Laridon.) A la vôtre, chef.

LARIDON.

A la tienne... camarade. (Ils jouent aux dames.)

BENOIT, à Bonneau, qui lui verse de l'eau-de-vie.

Et ce bain de pied, marchand de vins, allons donc... levons un peu le coude.

BONNEAU, à part et révolté.

Mais c'est une éponge que ce petit... Mon Dieu !... mon Dieu !... j' serais-t-il désolé, si j'avais des enfants comme ça !...

LARIGOLE, vivement.

Allons, bois, et fais ton écart...

BENOIT, étonné.

Un moment... donc, vous êtes bien pressé... dites donc, vous...

MARCOL, vêtu d'une vieille blouse, assis à une table dans un coin, et affectant tous les symptômes d'une ivresse très-prononcée.

A boire ! cabaretier de mon cœur... à boire !...

BONNEAU.

C'est que vous avez déjà beaucoup pompé... mon cher brave homme...

MARCOL, menaçant.

Veux-tu bien tout de suite !... j'étrangle la soif !

BONNEAU, donnant un carafon d'eau-de-vie à Marcol.

Tenez... tenez... complétez-vous... (A part.) Avec ça... n'y a rien de mauvais comme c'te eau-de-vie là... J'en vends, mais on m' donnerait je ne sais quoi pour en boire !

MARCOL, buvant.

Bonne... bonne... un petit peu douce !

BONNEAU, à part.

S'il est permis... hier encore, j'y ai remis du poivre. (Voyant Marcol qui se verse d'une main tremblante, et répand tout le contenu de son verre en essayant de boire.) Ah ! vous faites tout boire à vot' chemise...

MARCOL.

Si ça me plaît... moi... si je l' veux, moi... j' suis t'y pas mon maître ?...

BONNEAU.

Oui... oui... vous l'êtes... mettez-en aussi plein votre pantalon, si ça vous fait plaisir... je m'en lave les mains.

LARIDON, à Saint-Phar.

En v'là-t-il un... qui s'en est jeté sur les *amiguedales !*

SAINT-PHAR, à part.

La jolie société... mon Dieu !... la jolie société !...

SCÈNE II

LES MÊMES, LÉONARD.

LÉONARD, ouvrant la porte du fond, et sur le seuil.

Ici... c'est ici...

BONNEAU.

Que faut-il servir à monsieur ?

LÉONARD, à la table du milieu.

Du vin... non... de la bière... et de l'eau-de-vie avec...

BONNEAU.

Ah ! vous voulez faire du mélange... c'est que ça casse bien la tête... allez...

LÉONARD, brusquement.

Servez-moi.

BONNEAU, à part.

Ah çà ! ils sont tous comme des crins, ce soir.

LÉONARD, qui a regardé de tous côtés.

Il n'y est pas encore ! (Il s'asseoit à droite de la table du milieu.)

BONNEAU, servant Léonard.

Voilà votre affaire... mais moi, à votre place... D'autant plus que cette bière-là est exécrable...

LÉONARD.

Taisez-vous... laissez-moi...

BONNEAU, à part.

Ah ! Clotilde... ma fille... si je ne voulais pas t'acheter un huissier.

LÉONARD, se versant de la bière, dans laquelle il met de l'eau-de-vie.

Buvons... pour doubler ma rage !

LARIGOLE, à Benoit.

Compte ton jeu, petit...

BENOIT, s'apercevant d'un mouvement de Larigole.

Eh bien, excusez, vous n'êtes pas gêné, vous reprenez des cartes dans votre écart.

LARIGOLE.

De quoi, gamin ? tu suspectes ma probité ! je suis connu !

BENOIT.

Ne dites pas non... j'viens d'vous y prendre...

LARIGOLE.

Eh bien ! si je veux y fouiller dans mon écart, c'est-il pas à moi !

BENOIT.

Ça ne m'étonne pas que vous gagnez toujours.

LARIGOLE.

Attends... attends, je vas te frotter les oreilles, morveux...

BENOIT, se mettant en défense.

Venez-y donc, filou... (A tout le monde.) Oui, il m'a triché...

LARIGOLE.

Ça n'est pas vrai. Il a la vue basse !

SAINT-PHAR, à part.

La jolie société... mon Dieu... la jolie société ! (A Laridon, qui se lève et renverse le damier sur lequel il jouaient.) Oh ! mon petit, une partie si importante, j'allais à dame...

BONNEAU, s'interposant.

Pas de gros mots, messieurs, pas de bruit...

BENOIT.

Mais ça ne se passera pas comme ça... Tu vas me rendre mon argent...

LARIGOLE.

Ton argent... Compte là-dessus !

LARIDON.

Allons, petit... tais-toi... tu me fatigues le *tympane*...

SAINT-PHAR, à Benoît.

Mon pauvre garçon... croyez-moi... ne dites rien... et allez-vous-en... c'est du vilain monde.

BENOIT, criant.

Non; mon argent... j'veux mon argent... j'm'en irai pas sans mon argent...

LARIDON.

A la porte, le braillard...

LARIGOLE.

Eh oui... à la porte...

TOUS, moins Marcol et Léonard, indifférents à ce qui se passe.

A la porte !... à la porte !...

BENOIT, se mettant en défense.

Tâchez... Mais, venez-y donc

SCÈNE III

LES MÊMES, LA MÈRE MOREL*.

LA MÈRE MOREL, ouvrant violemment la porte du fond.

Lui... c'est bien lui... c'est bien sa voix que j'ai reconnue...

BENOIT, se détournant.

Ah !... m'man !

LA MÈRE MOREL.

Encore ici..: toujours...

BENOIT.

Eh bien, oui... là... après, quoi que vous me voulez?

LA MÈRE MOREL.

Ce que je te veux... je veux... (Se contraignant.) Je viens te chercher...

LARIDON.

C'est ça, en nourrice... à ce biberon !...

LARIGOLE.

Et qu'on z'y donne le fouet !...

BENOIT, à Larigole**.

Toi... vieux brigand... si jamais je te repince... J'suis pas gros... mais, foi de Benoît, j'te fêle !...

LA MÈRE MOREL.

C'est donc ici... malheureux enfant, que tu viens prendre chaque soir tes leçons de dessin !... J'me prive de tout, pour tâcher d'te faire instruire... et v'là comment qu'l'en profites...

BENOIT, tournant sa casquette.

Le dessin... Mon Dieu !... vot'dessin... je choisis mes modèles... j'étudie la face du roi de cœur, et le profil de la dame de pique.

LA MÈRE MOREL, s'animant.

Tais-toi... tais-toi... et respecte ta mère... Prends garde... Benoît, tu finiras mal...

BENOIT.

Allons donc...

LÉONARD, qui d'abord a prêté l'oreille, puis s'est levé, s'avance tout à coup, et avec force, et se place entre Benoît et la mère Morel.

Oui... oui.

LA MÈRE MOREL.

Léonard.

LARIGOLE, à part.

Ah !... ici...

BENOIT.

Tiens... c'est vous !

LÉONARD.

Benoît, pour bien finir, il faut bien commencer... tu es sur la route du mal... la première étape, c'est la paresse... la seconde, l'inconduite... la troisième, le vol... une fois tombé là, on ne se relève plus... c'est comme ces sables maudits, qui engloutissent insensiblement tous ceux qui y posent le pied... Vous avez beau tendre la main et crier : — A l'aide !... plus vous vous débattez, plus vous enfoncez dans l'abime !...

* Larigole, assis sur le bout de la table, fument, la mère Morel, Benoît, Léonard, Saint-Phar, Laridon, à leur table, jouant aux dames.
** Lari..., Benoît, la mère Morel.

SAINT-PHAR, à part, se levant.

Voilà un pauvre diable... qui a la poésie du malheur ! (Il s'asseoit.)

LÉONARD.

Benoît... mon enfant... je voudrais te convaincre... te sauver... t'arracher à cette fange... Ne me demande pas pourquoi ! Mais crois à ce que je te dis... je connais la vie... celle-là surtout que tu veux choisir... il n'y a au bout que le désespoir et l'infamie... Rentre avec ta mère... ne la quitte plus, aime-là bien... rends-la heureuse... elle n'a que toi au monde; elle a déjà bien souffert... tâche, tâche surtout qu'elle oublie le mal qu'on lui a fait... et plus tard, bientôt, n'est-ce pas, quand tu seras devenu un bon travailleur, un brave garçon, un homme utile, estimé, aimé, heureux, enfin !... dis-toi seulement quelquefois : Mon bonheur... celui de ma mère... c'est à ses bons conseils... que j'dois tout ça... c'est à c'pauvre Léonard !...

BENOIT, ému.

Tenez... j'sais pas... moi... vous m'avez tout retourné... c'est peut-être bête... mais j'ai les yeux mouillés... (A la mère Morel, passant devant Léonard.) La mère... venons-nous-en d'ici... et, quand vous m'y reverrez... l'baromètre s'ra à Sénégal !

LA MÈRE MOREL, allant à Léonard.

Ah ! mon bon monsieur Léonard...

LÉONARD.

Ne me remerciez de rien...

BENOIT.

M'sieur Léonard... vous êtes un brave homme... faudra nous voir plus souvent... j'veux m'lier avec vous...

LÉONARD, vivement.

Non... non... c'est impossible...

BENOIT.

Comment?

LA MÈRE MOREL, entraînant Benoît.

Viens... garçon... viens vite... Ah ! m'sieur Léonard... je ne vous oublierai pas... allez... chaque soir dans mes prières, je dirai quelques petites choses pour vous !...

LÉONARD, à part, accablé.

Mon Dieu ! (Il va s'asseoir à sa table.)

BENOIT, en sortant avec la mère Morel, près de Larigole.

Ah ! tu sais c'que j't'ai dit... toi... si tu me tombes jamais sous la patte, j'fais d' ta carcasse un jeu de patience !

SAINT-PHAR, se levant et prenant le milieu, indigné, à Laridon et aux autres égouttiers.

Et vous avez chassé cet homme-là de la brigade...

LARIDON.

Eh oui !

SAINT-PHAR.

Ah ! vous ne voulez pas de lui... Eh bien, moi, je ne veux plus de vous... je donne ma démission...

LARIDON.

Voyons donc, Saint-Phar...

SAINT-PHAR, en sortant par le fond.

Votre société est trop choisie... je rentre dans le monde.

LARIDON et d'autres égouttiers le suivant.

Saint-Phar... mon petit Saint-Phar...

BONNEAU, courant après eux, et disparaissant aussi.

Eh... la consommation... vous oubliez la consommation...

SCÈNE IV

LARIGOLE, LÉONARD, MARCOL, endormi sur la table. Buveurs groupés çà et là, et inattentifs.

LARIGOLE, s'approchant de la table où est assis Léonard.

Vous parlez bien, jeune homme... Parole... tout à l'heure... j'ai été émotionné !

LÉONARD.
Ah! je vous reconnais... vous êtes l'homme qui, ce matin... m'a lâchement dénoncé...

LARIGOLE.
Voyons... voyons... ne nous échauffons pas...

LÉONARD.
Mais, vous avez menti... car je ne vous ai jamais vu.

LARIGOLE.
C'est vrai...

LÉONARD.
Alors... vous aviez donc un but...

LARIGOLE.
Possible...

LÉONARD.
Ah! tu vas me le dire...

LARIGOLE.
Non... pas moi...

LÉONARD.
Qui donc?

LARIGOLE.
Lui!

LÉONARD, voyant Tête-Noire qui entre par le fond.
Ah!

SCÈNE V

LES MÊMES, TÊTE-NOIRE*.

TÊTE-NOIRE, apercevant Léonard.
Je te l'avais bien dit, Léonard... que tu viendrais...

* Larigole, Léonard, Tête-Noire,

LARIGOLE.
Et... il est venu...

LÉONARD.
Ils se connaissent... Ah! je devine, je comprends tout...

TÊTE-NOIRE.
Quoi, voyons?...

LÉONARD.
Dans cette rue où je travaillais hier... (Montrant Larigole.) ce n'est pas le hasard qui a amené cet homme... c'est toi... toi seul... qui lui as fait révéler le secret de mon passé... Et cette lettre anonyme, écrite jadis à monsieur Herbillon.

TÊTE-NOIRE.
Tu y es... Qui diable veux-tu qui s'occupe de toi... à moins que ce ne soit un ancien ami... Oui, je lui ai écrit... à ton monsieur Herbillon, mais lui ai-je conseillé de te renvoyer?... Aucunement!... C'est comme ce marchand de couleurs qui t'avait pris pour garçon de peine; ce fabricant d'eau de seltz dont tu chariais les produits; cet huissier de la banlieue chez qui tu griffonnais du papier timbré... leur ai-je dit: Chassez-le!.. Pas du tout... ils ont retiré la main, au lieu de la tendre; ils ont eu peur!...

LÉONARD.
Ainsi, c'est toi... qui partout... partout... m'as poursuivi... persécuté... fait perdre mon pain... Mais pourquoi cet acharnement... Pourquoi?...

TÊTE-NOIRE.
Cherche?...

LÉONARD.
Ah! tu voulais me priver de ma dernière ressource, pour me forcer de nouveau à devenir criminel... c'est cela, n'est-ce pas?...

TÊTE-NOIRE.
Juste...

LARIGOLE.
Très-juste! yes!

TÊTE-NOIRE.
Et puis... une chose encore...

LÉONARD.
Oh! tu peux tout dire...

TÊTE-NOIRE.
Je n'aime pas à voir se relever ceux qui tombent... (A part.) Je n'ai jamais pu... moi...

LÉONARD, à part.
Infâme...

TÊTE-NOIRE.
Mais en v'là assez du passé... pensons au présent... Tu es à nous, n'est-ce pas?

LÉONARD.
Je suis venu...

TÊTE-NOIRE.
Alors, buvons...

LARIGOLE.
Et causons affaires...

LÉONARD.
Oui... buvons.

BONNEAU, qui rentre par le fond, à part.
Je ne les ai pas retrouvés... voilà encore six francs cinquante de fricassés!...

TÊTE-NOIRE.
Ah! hé, Bonneau!... Donne-nous un litre de ton vieux cognac...

BONNEAU.
Ma mousseline!...

LARIGOLE.
Oui... ton velours épinglé...

BONNEAU, servant.
Voilà!

TÊTE-NOIRE, versant.
Allons... Léonard... (Trinquant.) A ta santé!...

LÉONARD, à part et en trinquant.
A ma vengeance!

SCÈNE VI

LES MÊMES, LA CIGALE.

LA CIGALE, sa guitare à la main entrant dans le cabaret et à part.
Lui, j'en étais sûre... (Voyant Tête-Noire.) En compagnie de cet homme qui l'a perdu jadis... Ah! le malheureux!... J'avais donc raison de me défier de son désespoir... mais je l'empêcherai bien de retomber dans le crime!...

TÊTE-NOIRE, à Larigole.
Oh!... oh!... cette damnée Cigale!...

LARIGOLE, bas.
Ça s'fourre partout... les femmes!

LÉONARD, à part.
Madeleine...

TÊTE-NOIRE, versant à Léonard.
Ton verre...

LA CIGALE, s'élançant près de Léonard.
Léonard...

LÉONARD.
Ah!... c'est toi, la Cigale... Bonjour...

LA CIGALE.
Léonard... mon ami... que fais-tu?...

LÉONARD.
Je bois...

TÊTE-NOIRE.
Nous nous rafraîchissons...

LARIGOLE.
On sè gargarise!

LÉONARD, buvant.
A la tienne...

LA CIGALE, voulant arrêter le bras de Léonard.
Léonard...

LÉONARD.
Laisse-moi donc boire...

LA CIGALE, soudainement.
Ah! ils vont l'enivrer; ils veulent le perdre...

TÊTE-NOIRE, à la Cigale.
Ah çà!... en v'là assez...

LÉONARD.
Oui... Madeleine... va-t'en...

LA CIGALE.
Ah! je ne suis pas Madeleine... je m'appelle la Cigale... et je viens ici pour gagner ma vie.

* Tête-Noire, Léonard, Larigole, ils sont assis à la table de gauche, Larigole es tau bout de la table.

UN BUVEUR.

Au fait... elle a raison, cette fille... Pourquoi qu'on veut l'empêcher de chanter?...

TOUS.

Chante, chante, la Cigale.

BONNEAU, venant au milieu.

Chante, petite... je suis sensible à la musique !

TÊTE-NOIRE.

Alors, qu'elle se dépêche...

LA CIGALE, chantant, après avoir préludé sur sa guitare.
Le premier couplet (au milieu.)

AIR :

PREMIER COUPLET.

Tu vas aller sur la montagne
Avec les farouches bandits;
Pour une sinistre campagne,
Ce soir vous serez tous partis.
Et pourtant tu m'avais dit : Berthe,
Je veux être bon désormais...
Que le ciel consomme ma perte
Si le passé revient jamais!

Aux conseils du mauvais génie
Résiste encor comme autrefois,
Fabio, c'est moi, c'est ton amie,
Entends ton cœur, entends ma voix!

TÊTE-NOIRE, à Larigole.

Oh!... oh!... voici une romance qui est à notre adresse.

LA CIGALE, entre la seconde et troisième table.

DEUXIÈME COUPLET.

Qu'importent dédain et misère
Si je les partage avec toi ?...
On ne croit pas ton cœur sincère,
Qu'importe encor, si Dieu le voit!
Reste auprès de celle qui t'aime,
Reste sur la route du bien ;
Quand on peut s'estimer soi-même,
Le mépris des autres n'est rien.

Aux conseils du mauvais génie... etc.

LÉONARD, à part, et ému.

Pauvre Madeleine... je ne la reverrai peut-être plus... et ne pouvoir lui dire...

TÊTE-NOIRE, qui le suit des yeux et vivement.

Bois donc...

LA CIGALE, derrière Léonard, entre la première et la seconde table.

TROISIÈME COUPLET.

Il n'écouta pas sa compagne,
Fit taire ses pleurs et ses cris,
Et s'en alla sur la montagne
Avec ses compagnons maudits.
Le lendemain, le cœur rebelle
Passait, par des soldats conduit...
Berthe est morte : priez pour elle,
Mais priez encor plus pour lui !

Aux conseils du mauvais génie... etc.

TOUS.

Bien... très-bien !...

LÉONARD, prêt à s'élancer vers la Cigale.

Madeleine...

TÊTE-NOIRE, qui a de nouveau rempli le verre de Léonard.

A nous deux, Léonard.

LÉONARD, réprimant son mouvement et prenant son verre.

C'est juste... A nous deux.

LA CIGALE, faisant la quête.

Pour la chanteuse... monsieur... s'il vous plaît...

BONNEAU, se bourrant le nez de tabac.

Ah! j'ai éprouvé... un plaisir !...

LA CIGALE, présentant son petit plateau à Marcol.

Monsieur... (En allant à d'autres buveurs.) Ah!... celui-là dort!

BONNEAU, à la Cigale.

J'ai été très-content... La prochaine fois que tu viendras... je te donnerai...

LA CIGALE, qui n'a pas écouté Bonneau, allant droit à Léonard.

Léonard... voici de l'argent... de l'argent pur !... celui de mon travail...

TÊTE-NOIRE.

Est-ce qu'il vous demande quelque chose?...

LA CIGALE, avec mépris.

Je ne vous parle pas, à vous...

LARIGOLE, à part.

Elle ne va pas nous laisser tranquilles... celle-là !...

LA CIGALE, à Léonard.

Allons... viens avec moi..

TÊTE-NOIRE.

Par exemple... la bouteille n'est pas vide.

LA CIGALE, à Léonard.

Oh ! ne bois plus... et viens-t'en....

LÉONARD, se levant.

Non... je veux rester ici... avec eux... il le faut... laisse moi... et va-t'en.

LA CIGALE.

Léonard...

LÉONARD.

Ce que je fais, je dois le faire... oublie-moi... et... (Bas en lui serrant la main.) Adieu.

TÊTE-NOIRE, se mettant entre eux.

Hein !

LARIGOLE, à Bonneau.

Ah ça ! dis donc, Bonneau, tu ne vois donc pas qu'elle ennuie les pratiques... fais-la filer... ou sans ça... nous ne reviendrons plus... Nous irons au Café Riche !

LA CIGALE, pleurant, et Léonard.

Léonard... Léonard...

LÉONARD, après un temps**.

A boire ! (Il s'asseoit à gauche de la table.)

LA CIGALE, avec désespoir.

Ah ! perdu... perdu... il est perdu !

BONNEAU, entraînant au dehors la Cigale.

Voyons, ma petite... allez pleurer dans la rue... d'abord ça m'affecte, et puis vous feriez du tort à mon établissement. (Pendant la scène, les buveurs se sont peu à peu retirés, moins Marcol qui dort sur la table.)

LA CIGALE, en sortant.

Ah! Léonard!... Léonard...

SCÈNE VII

TÊTE-NOIRE, LÉONARD, LARIGOLE, MARCOL.

TÊTE-NOIRE.

Bon débarras... Quelle engeance que les femmes... maintenant, nous sommes seuls...

LARIGOLE.

Causons...

TÊTE-NOIRE, apercevant Marcol.

Ah! qu'est-ce que c'est que cet oiseau-là ?...

LARIGOLE.

Je l'ai déjà remarqué... v'là longtemps qu'il ne bouge pas... Il distille son eau-de-vie.

TÊTE-NOIRE, touchant Marcol qui tombe et roule sous la table.

Eh !... l'ami...

LARIGOLE.

Il est mort-ivre...

* Léonard, Tête-Noire, la Cigale, Bonneau, Larigole.
** Léonard, Larigole, Tête-Noire, Bonneau, la Cigale.

TÊTE-NOIRE.

Faut voir...

MARCOL, tout en ronflant.

Ron... ron...

TÊTE-NOIRE.

Pas de danger... il est lesté !... Voyons... occupons-nous des choses sérieuses, et d'abord... (Enlevant la bouteille placée devant Léonard.) Supprimons le liquide.

LARIGOLE, bas.

Tu as raison, [nous avons besoin de ses jambes et de sa tête

TÊTE-NOIRE, à Léonard.

Léonard.

LÉONARD.

Quoi ?

TÊTE-NOIRE.

Quand ton ancien patron, M. Herbillon, dont la charmante propriété est entre cour et jardin, quitte ses bureaux le soir, pour aller dans le monde, comme il y va justement aujourd'hui, les valeurs... où les laisse-t-il... est-ce dans la caisse ?

LÉONARD.

Non.

LARIGOLE.

Où ? dans son cabinet ?

LÉONARD.

Oui...

TÊTE-NOIRE.

Dans un bureau... un secrétaire ?...

LÉONARD.

Non...

TÊTE-NOIRE.

Ah !... Y a un secret ?..

LÉONARD.

Oui...

TÊTE-NOIRE.

Tu le connais ?...

LÉONARD.

Oui...

TÊTE-NOIRE.

Tu nous le montreras ?...

LÉONARD.

Oui...

TÊTE-NOIRE.

Alors... en marche...

LÉONARD.

Quoi... ce soir...

TÊTE-NOIRE.

Oui... ce soir...

LÉONARD.

Déjà... Pourquoi pas plus tard... demain ?...

TÊTE-NOIRE.

Parce que, il ne faut jamais rien remettre au lendemain... et puis, tu n'aurais qu'à changer d'avis...

LÉONARD.

Moi...

LARIGOLE.

Ça s'est vu.

LÉONARD.

Mais...

TÊTE-NOIRE.

Tu recules ?

LÉONARD.

Non.

TÊTE-NOIRE.

Bien... reste ici... il y a quelques petits préparatifs néces saires... ça me regarde...

LARIGOLE.

Je vais t'aider.

LÉONARD, à part, avec joie.

Seul... je vais être seul.

TÊTE-NOIRE, à Larigole après avoir jeté un coup-d'œil sur Léonard.

Non, tiens-lui compagnie... il s'ennuierait. (Bas.) Ne le quitte is... ne le perds pas de vue.

Tu te défies ?

LARIGOLE, bas.

* Larigole, Léonard, Tête-Noire.

TÊTE-NOIRE, bas.

Je me défie toujours.. (Haut) A tout à l'heure... (Il sort par le fond.)

SCÈNE VIII

LÉONARD, LARIGOLE, MARCOL, puis BONNEAU.

LÉONARD, à part.

Comment faire... comment avertir l'autorité... et cet homme, qui restera là, toujours près de moi.

LARIGOLE, bourrant sa pipe, et à Léonard.

En incendions-nous une, hein ?

LÉONARD, à part.

Pourtant il le faut... à tout prix.

LARIGOLE, offrant sa blague à Léonard.

C'est du maryland... Un cadeau !

BONNEAU, entrant avec deux paniers de bouteilles vides et une chandelle allumée.

En ont-ils avalé, aujourd'hui... (Il pose ses paniers, et lève la trappe de la cave.)

LARIGOLE.

Tu ne veux donc pas fumer ?...

* Léonard, Tête-Noire, Larigole.

LÉONARD, pensif.

Non.

BONNEAU, qui essaie de descendre avec ses paniers et sa lumière.

Je ne pourrai jamais... Eh ! les amis, un coup de main, hein ? J'ai peur de casser quelque chose.

LÉONARD, vivement, et allant à Bonneau.

(A part.) Cet homme... je lui dirai et il préviendra... (haut) Je vais vous aider.

BONNEAU.

Merci, jeune homme...

LARIGOLE.

Un moment... j'y vais aussi moi.

LÉONARD.

A quoi bon, nous sommes assez de deux

LARIGOLE.

Si fait... j'aime trop ta société, j'peux pas m'en passer. (A part.) Est-ce que tu croyais me filer dans la main, toi ?...

BONNEAU.

Allons, dépêchons-nous... (A Larigole.) Prenez mon rat et éclairez-nous. (Il descend le premier dans la cave.)

LÉONARD, à Bonneau, et vivement.

Je vous suis... (A part.) Un mot... rien qu'un mot. (Il va pour, descendre après Bonneau.)

LARIGOLE, se plaçant vivement devant lui.

Non... entre vous deux. (Il descend le second.)

LÉONARD, soudainement.

Ah !

LARIGOLE, qui est descendu.

Viens-tu !

LÉONARD, fait, du pied, retomber la trappe sur Larigole et Bonneau, et se plaçant dessus.

Je savais bien que je me débarrasserais de toi. (Il prend vivement une plume et du papier sur le comptoir qui est à côté de la trappe et écrit rapidement deux billets, mettant le premier dans sa poche.) On trouvera cela sur moi... mais celui-ci, qui le portera ?

MARCOL, qui s'est levé et a lu par-dessus son épaule.

Moi.

LÉONARD.

Le Lynx !

MARCOL, lui donnant deux pistolets.

Tiens voilà des armes ; ne crains rien, je serai là... et au premier coup de feu... (En ce moment la trappe se soulève un peu.)

LARIGOLE, en dessous.

Ah ! eh !... Léonard !... (La porte du fond s'ouvre en même temps.)

MARCOL, retombe à terre en ronflant.

Ron !... ron !...

SCÈNE IX

TÊTE-NOIRE, puis LARIGOLE, LÉONARD, MARCOL, BONNEAU, au fond.

LÉONARD, voyant Tête-Noire, et à part en cachant ses armes.
Lui !

TÊTE-NOIRE, à part.
Oh !... oh ! des pistolets...

LARIGOLE, sortant de la cave.
Pourquoi donc n'es-tu pas venu ?

LÉONARD.
La trappe est retombée.

BONNEAU, qui sort de la cave.
J'en ai cassé mes bouteilles...

TÊTE-NOIRE.
Allons, en route... (A Léonard.) Tu es prêt ?

LÉONARD.
Oui.

TÊTE-NOIRE, bas à Larigole.
Attention, Larigole, il a deux coups de feu à notre service... chacun le nôtre.

LARIGOLE, bas.
Diable ! il faut mettre ordre à ça... ça me regarde. (Il sort le premier.)

LÉONARD, à part, en passant pour sortir.
Je me vengerai donc.

TÊTE-NOIRE, à part, le suivant.
J'aurai l'œil sur toi.

BONNEAU, à Marcol.
Eh ! l'homme, est-ce que vous allez coucher ici ?

MARCOL.
A boire !

FIN DE LA SIXIÈME PARTIE.

SEPTIÈME PARTIE

Le Coup de Sabre du Garde Chiourme.

Une cour fermée par un mur dans lequel est pratiquée une petite porte. — A gauche, un puits; à droite, un pavillon, une table rustique devant le pavillon, un arbre au milieu du théâtre près du puits. — Il fait nuit.

SCÈNE PREMIÈRE

LA MÈRE MOREL, BENOIT.

LA MÈRE MOREL, écoutant une horloge sonnant au loin, et arrivant avec une lanterne.
Neuf et dix... à présent monsieur Herbillon doit être arrivé à ce grand bal de Bienfaisance, dont il est un des organisateurs.

BENOIT.
Et peut-être bien en train de danser... en avant deux !... dis donc m'man, j'ai fermé à double tour la petite porte de derrière qui donne sur la rue de l'Ouest.

LA MÈRE MOREL.
Et t'as bien fait, d'ailleurs m'sieu Herbillon a son passe-partout... n'y a jamais trop d'précautions à prendre, y a tant de coquins en ce monde... (Soupirant.) Si j'avais toujours pensé comme ça... enfin... c'qu'est fait est fait... et si j'ai pas su veiller à mes intérêts... faut à présent qu' j'aie bien l'œil à ceux des autres !...

BENOIT.
Maintenant, v'nez-vous souper, m'man... j'sais pas d'où ça vient... moi... j'ai une faim d'enragé ! j'mangerais des cailloux !

LA MÈRE MOREL.
C'est les bonnes résolutions... qui donnent c't'appétit-là, Benoit... mais... faut les tenir...

BENOIT, l'embrassant.
Pas peur... mère... fini d'rire... M'sieu Herbillon vous a retirée d'la porte... vous v'là comme qui dirait... sa femme de confiance... c'est une position qu'vous avez bien méritée par vot'honnêteté... Eh bien ! j'en aurai une aussi... moi... grâce à mon travail... je l'ai juré ce soir à Léonard, et j'ferai tant... tant... qu'un beau matin... vous me crierez... — assez, Benoit... assez... tu donnes trop de bonheur à ma vieillesse !...

LA MÈRE MOREL.
Brave Léonard... c'est à lui que je devrai ma tranquillité... la tienne...

BENOIT.
Oh !... oui...

LA MÈRE MOREL.
Qu'il soit heureux, à son tour... C'est la prière que je ferai chaque jour... à son intention... — V'là que tout est bien clos... bien fermé... Viens t'en, mon enfant... et n'oublie pas demain...

BENOIT.
Soyez tranquille, la mère... la nuit porte conseil... mais je ne prendrai que les bons. (On voit paraître sur le mur du fond Léonard; il gravit le mur, suivi de Larigole et de Tête-Noire.)

SCÈNE II

LÉONARD, LARIGOLE, TÊTE-NOIRE.

LÉONARD, à part.
M'y voici donc !

LARIGOLE, écoutant.
Personne ne bouge.

TÊTE-NOIRE, bas à Larigole.
Eh bien ?

LARIGOLE, bas.
C'est fait !... (Il lui glisse dans la main quelque chose.)

TÊTE-NOIRE, bas.
Il ne s'est aperçu de rien ?

LARIGOLE, bas.
Fi donc... Pour qui me prends-tu ?...

LÉONARD, à part.
Une sueur froide me glace.

TÊTE-NOIRE.
Allons, vite.

LARIGOLE.
Maintenant, du luminaire... (Il tire de sa poche des allumettes et une bougie qu'il allume.)

TÊTE-NOIRE.
Ne nous pressons pas.

LARIGOLE.
Procédons par ordre.

TÊTE-NOIRE, à Léonard.
Voyons,... tu ne dis rien... toi... parle donc... Où est

l'endroit où, chaque jour, cet Herbillon transporte, de ses bureaux, dans ses appartements, les fonds de la caisse?

LÉONARD.

Ici...

TÊTE-NOIRE.

Où?

LÉONARD.

Dans ce pavillon.

TÊTE-NOIRE, examinant le pavillon.

Là?

LÉONARD.

Oui...

LARIGOLE.

Tant mieux, c'est au rez-de-chaussée... j'aime pas à monter!

TÊTE-NOIRE, à Léonard.

Indique-nous... au juste... la place...

LÉONARD.

La place...

(En dehors, voix de LA CIGALE, chantant.)

Aux conseils du mauvais génie,
Résiste encor comme autrefois,
Fabio, c'est moi, c'est ton amie,
Entends ton cœur, entends ma voix:

LÉONARD, tressaillant.

La Cigale....

LARIGOLE, à part.

Que le diable.. l'enrhume...

TÊTE-NOIRE.

Eh bien? finis-en donc.

LÉONARD, avec force, et désignant le pavillon.

Dans la seconde pièce, près de la cheminée, à gauche, derrière une boiserie à secret, c'est là qu'est l'argent.

TÊTE-NOIRE.

Dépêchons... Un coup de main, Larigole...

LARIGOLE.

Voilà... (Et en disparaissant tous deux, ils enfoncent la porte du
pavillon.)

TÊTE-NOIRE.

C'est là!

LARIGOLE.

Viens. (On entend briser une boiserie).

LÉONARD.

Oh! les malheureux!... les malheureux!...

TÊTE-NOIRE, à Larigole en reparaissant.

Vite, partageons...

LÉONARD, se plaçant devant la table où ils ont jeté l'argent et les
billets de banque.

Un instant...

TÊTE-NOIRE.

Quoi?...

LÉONARD.

J'ai quelque chose à vous dire...

TÊTE-NOIRE.

Tu nous diras cela dans la rue...

LÉONARD.

Non... ici...

TÊTE-NOIRE.

Alors... dis vite...

LÉONARD.

Écoute... Il y a trois ans... c'est toi qui m'as perdu...

TÊTE-NOIRE.

C'est possible.... Je te fais riche aujourd'hui, nous sommes
quittes.

LÉONARD, à Larigole.

Toi aussi; déjà tu étais son complice...

LARIGOLE.

Après...

LÉONARD *.

Attendez... attendez... Depuis mon retour, vous vous êtes
acharnés tous deux après moi... Vos lâches dénonciations
m'ont fermé toutes les maisons où je voulais vivre honnête..
Partout vous m'avez fait refuser le travail et le pain... Vous
avez amassé dans mon cœur... la rage et la haine... Vous
m'avez réduit au désespoir.

TÊTE-NOIRE.

Est-ce fini?... Que veux-tu... en deux mots?...

* Tête-Noire, Larigole, Léonard, devant la table.

LARIGOLE.

Je devine... moi... la plus grosse part...

LÉONARD.

Une part dans vos crimes, non... mais votre châtiment à tous
deux.

TÊTE-NOIRE, à demi-voix.

Ah! nous y voilà!...

LARIGOLE.

Hein!

LÉONARD.

Ce vol que vous vouliez commettre... que vous auriez exé-
cuté sans moi, je ne m'y suis associé que pour l'empêcher, et
vous entraîner à votre perte.

TÊTE-NOIRE.

Notre perte...

LARIGOLE.

Par exemple! en voilà une forte!

LÉONARD.

Vous ne toucherez pas à la fortune de cet homme, qui le
premier m'avait tendu la main, et vous ne sortirez de cette
maison que pour être frappés par la loi.

TÊTE-NOIRE.

La loi!

LARIGOLE.

Il nous a trahis!...

LÉONARD.

On ne trahit que les honnêtes gens... mais des coquins
comme vous, on fait une bonne action en les livrant à la justice...

TÊTE-NOIRE.

C'est ce que nous verrons... Viens, Larigole!...

LÉONARD, les ajustant avec deux pistolets.

Vous ne passerez pas...

TÊTE-NOIRE.

Allons donc...

LÉONARD.

Prenez garde...

TÊTE-NOIRE.

Place...

LÉONARD.

Vous le voulez...

LARIGOLE.

Ote-toi de là...

LÉONARD, tirant.

Mourez donc... (Les pistolets ne partent pas.) Mon Dieu!

TÊTE-NOIRE, avançant les mains.

Voici les capsules.

LÉONARD, stupéfait.

Ah!

LARIGOLE.

Qu'en dis-tu?... pas mal travaillé.

LÉONARD, à part.

Et ce signal qu'il attend, je ne peux plus le donner... (Haut.)
N'importe, armé ou non... je vous perdrai... A moi!... à
moi!...

TÊTE-NOIRE, se précipitant sur Léonard et le frappant d'un poignard.

Tu vas te taire... bavard!

LÉONARD, tombant.

A moi!... à moi!...

LARIGOLE, près du mur.

Oh!... oh!... il y a du monde là derrière!

TÊTE-NOIRE.

Sauve qui peut!...

LARIGOLE.

Et chacun de notre côté. (Tête-Noire disparaît par la gauche, et
Larigole par la droite.)

SCÈNE III

LÉONARD, puis LA GIGALE, LA MÈRE MOREL et BENOIT.

LÉONARD. *Il se lève péniblement.*

Ils m'ont frappé... ma vie s'en va... mon Dieu !... prenez-la... je ne la regrette pas. — Mais venez donc... venez donc... ils fuient...., ils vont s'échapper... (Il retombe par terre, accablé.)

LA CIGALE, *accourant.*

Laissez-moi, il est ici... je veux le voir...

LA MÈRE MOREL.

Qui donc ?...

LA CIGALE.

Ah ! Léonard !...

LA MÈRE MOREL.

On s'est donc introduit dans la maison ?...

BENOIT, *la suivant, armé d'un bâton.*

Si j'en trouve un !... (Il sort. Premier plan, à droite.)

LA CIGALE, *soulevant Léonard, qui ne fait aucun mouvement.*

Évanoui... mort...

SCÈNE IV

LES MÊMES, HERBILLON.

HERBILLON, *en entrant.*

Ce bruit... ces cris... et cet avis mystérieux que j'ai reçu... (Pénétrant vivement dans le pavillon, puis en en sortant.) Ah ! un vol !...

LA MÈRE MOREL.

Un vol ! Mon Dieu !... et Léonard !...

HERBILLON, *reconnaissant Léonard.*

Ah ! lui... lui... et je me repentais...

LA CIGALE, *vivement.*

Ne l'accusez pas...

HERBILLON.

Lui, qui autrefois, chez madame Morel...

LA MÈRE MOREL.

C'était lui !

LA CIGALE, *tendant à Herbillon un papier qu'elle a trouvé sur Léonard et qu'elle a parcouru.*

Lisez...

HERBILLON, *lisant.*

» En échange de ces malfaiteurs que je livre, et de ma vie dont je fais le sacrifice, aide et protection à Madeleine, monsieur Herbillon, et pardonnez-moi, mère Morel, la seule faute que j'aie commise... »

LA MÈRE MOREL, *pleurant.*

Si je lui pardonne... ah ! de tout mon cœur...

LA CIGALE, *pleurant et à Herbillon.*

Et voilà celui que vous avez chassé !

SCÈNE V

LES MÊMES, BENOIT, LARIGOLE, puis TÊTE-NOIRE.

BENOIT, *tenant Larigole par la cravate.*

Ah ! mon vieux coquin, je te tiens !...

LARIGOLE *s'enfuyant en dehors et laissant sa cravate dans les mains de Benoit.*

Pas tout à fait...

BENOIT, *le poursuivant.*

A moi... vous autres !...

LARIGOLE, *revenant en scène en rampant près des arbres.*

Je suis traqué ! (Voyant le puits et y descendant.) Ah !

BENOIT, *qui l'a suivi, le voyant.*

Attends, toi... (Prenant un seau qu'il verse.) Tiens !...

TÊTE-NOIRE, *reparaissant au milieu des arbres.*

Oh !... cerné partout... Et ici... Ah !... peut-être... ils ne me voient pas... Sauvé !... (Il va escalader le mur. — Des agents paraissent au-dessus ; il redescend et se blottit contre la porte.)

BENOIT, *qui a retiré Larigole du puits avec des jardiniers accourus.*

Cette fois, tu y es...

LARIGOLE.

Doucement, je me rends... ne froissez pas mes vêtements !

SCÈNE VI

LES MÊMES, MARCOL, DES AGENTS.

MARCOL, *ouvrant la porte du fond devant Tête-Noire, qui recule.*

Arrière !...

TÊTE-NOIRE.

Ah ! le Lynx !

MARCOL.

Je te tiens donc...

TÊTE-NOIRE.

C'est bien... je sais ce qui m'attend...

MARCOL.

La mort !

TÊTE-NOIRE.

La mort...

MARCOL.

Oui... la mort... entends-tu... Tête-Noire... assassin de mon père !...

TÊTE-NOIRE.

Moi, Tête-Noire !...

MARCOL.

Oui, et voici le coup de sabre du garde chiourme !... (En prononçant ces derniers mots, il arrache la perruque de Tête-Noire, et découvre sa tête balafrée sur le devant.)

TÊTE-NOIRE.

Perdu !

LA CIGALE, *penchée sur Léonard.*

Ah !... il a respiré...

HERBILLON.

Il vivra... et je pourrai réparer le mal que je lui ai fait involontairement, l'accueillir, le protéger comme c'est mon devoir, comme c'est le devoir de tout homme de cœur.

LÉONARD.

Madeleine... monsieur Herbillon... je vous revois... je retrouve donc tout...

HERBILLON.

Oui, sur le chemin de l'honneur.

(Larigole et Tête-Noire, chacun de leur côté, entourés d'agents, veulent fuir ; on les retient. Tableau.)